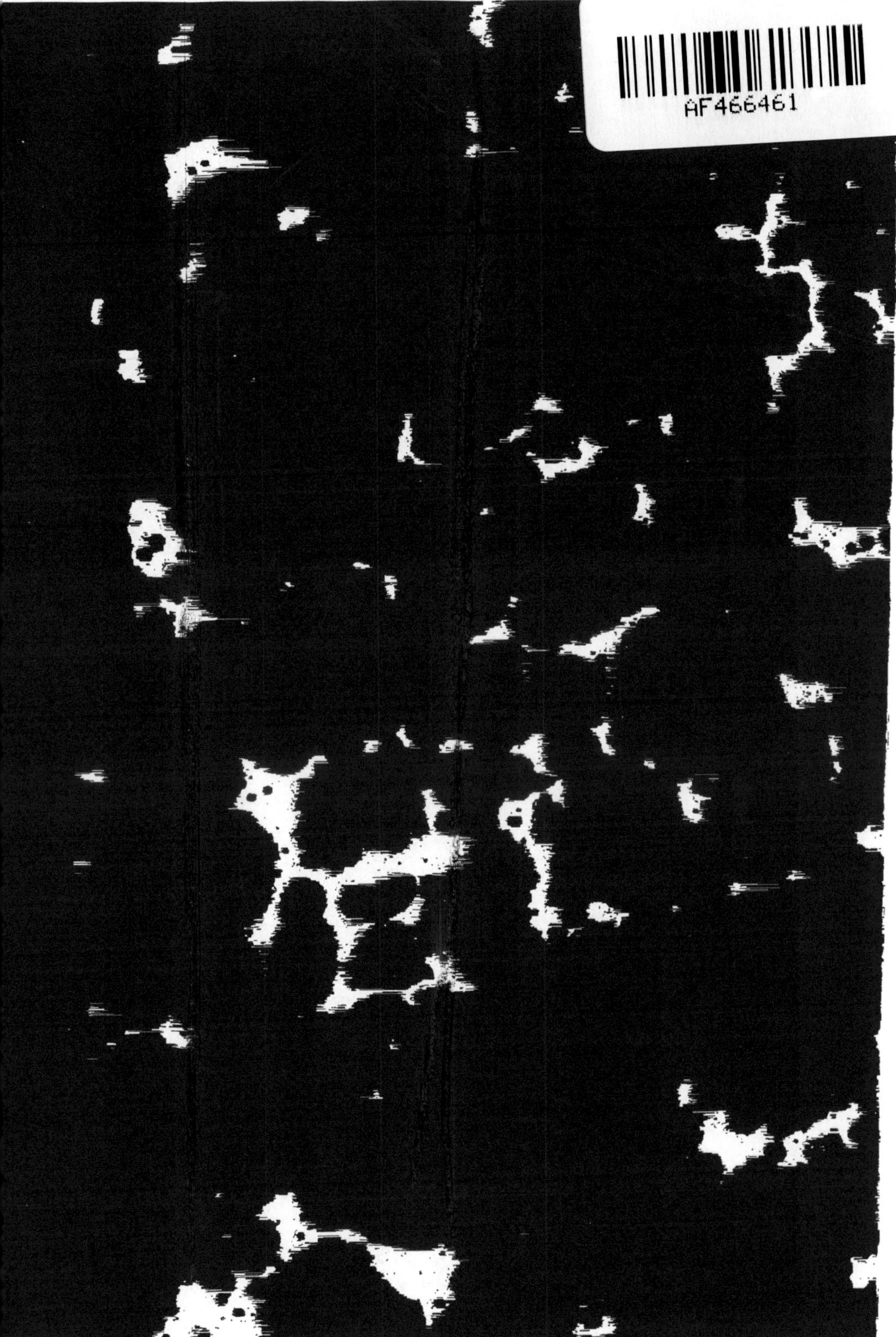

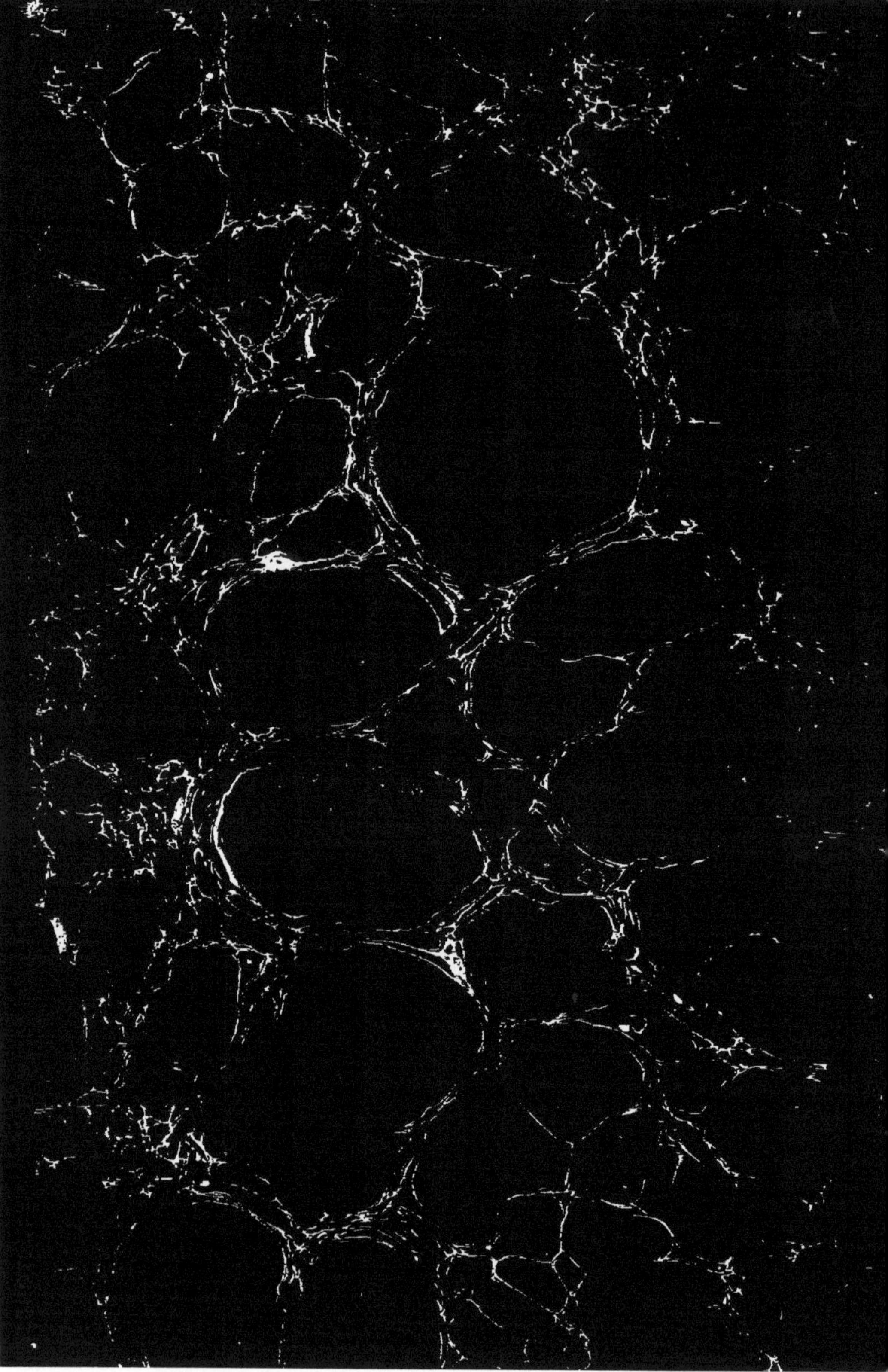

HISTOIRE CRITIQUE

DES

EXPLOITS ET VICISSITUDES

DE LA

CAVALERIE.

Imprimerie de LACOUR, rue Saint-Hyacinthe-Saint-Michel, 33.

HISTOIRE CRITIQUE
DES
EXPLOITS ET VICISSITUDES
DE LA
CAVALERIE

PENDANT LES GUERRES DE LA RÉVOLUTION ET DE L'EMPIRE,
JUSQU'A L'ARMISTICE DU 4 JUIN 1813,

D'après l'allemand,

PAR

L.-A. UNGER,

Professeur de langue allemande au collége Stanislas.

TOME I.

PARIS,
LIBRAIRIE MILITAIRE, MARITIME ET POLYTECHNIQUE
DE J. CORRÉARD,
LIBRAIRE-ÉDITEUR ET LIBRAIRE-COMMISSIONNAIRE,
Rue Christine, n° 1.

1848.

TABLE DES MATIÈRES

LIVRE PREMIER.

GUERRES DE LA RÉVOLUTION.

CHAPITRE I.

CHAPITRE II.

LIVRE DEUXIÈME.

CAMPAGNES DE L'EMPIRE.

CHAPITRE I.

CHAPITRE II.

CHAPITRE III.

FIN DE LA TABLE.

AVANT-PROPOS.

L'étude de l'histoire, dit-on, est une des sources les plus fécondes et les plus importantes pour quiconque applique son intelligence à connaître les besoins, les tendances, les efforts de l'espèce humaine. C'est à cette source que se puisent la sagesse qui découle des leçons du passé, la lumière qui doit nous guider dans le présent, la sagacité qui discerne ce que peut réserver l'avenir, autant que cet avenir est accessible aux yeux de l'homme à travers le voile bienfaisant dont la Providence le tient enveloppé.

L'histoire est le trésor des faits dont se meuble la mémoire collective de l'humanité, et dont le souvenir se perpétue de race en race. Elle est aux nations ce que l'expérience personnelle est aux individus.

Parmi toutes les époques qui ont successivement enrichi ce trésor, il n'en est aucune, sans contredit, qui renferme des leçons plus graves, plus vastes et plus élevées que celle de la Révolution et de l'Empire, pendant la fin du dix-huitième siècle et le commencement du dix-neuvième. La face du monde civilisé prit un autre aspect durant cette période fameuse. La politique, la diplomatie, l'administration, l'organisation judiciaire, toute la vie sociale des peuples cultivés de l'ancien continent se formulèrent suivant des lois nouvelles, et l'humanité, après des luttes gigantesques, des déchirements affreux et des vicissitudes inouïes, reçut une de ces empreintes qui marquent chacune des phases essentielles de son existence.

Déjà cette période de régénération a été étudiée sous bien

des aspects par une foule d'écrivains de toutes nations ; hommes de plume et d'épée, prêtres et laïques, nobles et roturiers ; les uns, partisans des nouvelles doctrines ; les autres, gardiens trop fidèles des idées d'autrefois, défendues avec d'autant plus d'acharnement qu'elles étaient plus victorieusement attaquées. L'attrait du sujet, la multitude des acteurs, dont bon nombre comptent encore parmi nos contemporains, la variété des scènes, la gravité et la complication des faits ont fait éclore une quantité d'œuvres distinguées à divers titres : des histoires générales, des histoires diplomatiques, des histoires militaires ; des monographies de nations, de campagnes, de traités ; des biographies, des mémoires, des correspondances, des fragments, etc.

L'auteur du livre que nous mettons sous les yeux du public français n'a point voulu grossir le nombre de ces dépôts, où nos fils puiseront de précieux matériaux pour la construction de notre histoire impartiale et véritable. Son intention a été, au contraire, de tirer une première conséquence de tant de prémisses, en appelant l'attention sur les enseignements que les événements des guerres de la Révolution et de l'Empire, éclairés sous un certain jour, peuvent offrir aux militaires de toutes les nations. Son ouvrage est destiné, comme l'annonce le titre, à réunir des faits historiques capables de donner une idée de l'emploi de la cavalerie dans les combats des guerres qui ont marqué la période révolutionnaire, et d'indiquer les résultats qu'on en a obtenus.

S'il est incontestable que le meilleur enseignement pour l'art de la guerre est l'étude de l'histoire militaire du passé, on ne saurait nier non plus que la manière dont l'auteur a envisagé son sujet ne soit d'une éminente utilité. L'histoire doit embrasser la généralité des faits, de manière à répondre aux besoins de la science militaire dans toute son étendue : dans toutes les branches de l'art de la guerre, le retour incessant aux leçons de l'histoire est utile et nécessaire, si l'on veut en posséder une intelligence nette et réelle. Mais, outre cette tâche générale, l'histoire a encore celle de développer les diverses branches susceptibles d'une étude historique spéciale. Traiter toutes les questions avec une égale étendue et une égale attention est une entreprise difficile : voilà pourquoi il est bon d'opérer une certaine division du travail et de s'attacher à l'étude de telle ou telle spécialité, de tel ou tel chapitre de l'histoire militaire, soit au point de vue du sujet, soit à celui de l'époque, et l'on est certain de ne pas produire une œuvre tout-à-fait inutile, surtout si l'on n'a pas la faiblesse d'attacher au sujet qu'on traite une importance que sa nature ne comporterait point.

Pour qu'il en fût ainsi de la monographie qu'on va lire, il ne fallait pas se borner à la narration sèche des faits ; il fallait, au récit des événements, joindre les observations nécessaires pour justifier les conclusions qu'on en tirait, tout en s'abstenant de tomber dans la manie des gens à systèmes, dont la présomptueuse critique tranche hardiment sur toutes choses, sans tenir compte des mille difficultés dont se compliquent si souvent les faits de la nature de ceux qui sont racontés et examinés dans le présent livre. Le lecteur impartial décidera si l'auteur a su tenir cette juste mesure entre la présomption et la timidité, entre le ton tranchant des systèmes et le néant des lieux communs.

Les sources auxquelles l'auteur a puisé sont nombreuses : car les relations militaires de tout genre n'ont point manqué à l'époque dont nous allons parler. Du côté des Français : Grimoard, Dedon, Ségur, Lapène, Sarrazin, Thiébault, Gouvion-Saint-Cyr, Chambray, Vaudoncourt, Labeaume, Jomini, Dumas, Napoléon et tant d'autres ; du côté de leurs adversaires : Massembach, l'archiduc Charles, Stutterheim, Scharnhorst, Valentini, Jones, Rocca, Boutturlin, Plotho, etc. Néanmoins, chose singulière ! il s'en faut de beaucoup qu'il existe assez de relations suffisamment détaillées et sûres pour saisir, dans toutes les batailles de la période révolutionnaire et impériale, ce qui les rendrait intéressantes au point de vue de notre sujet, et pour permettre d'y puiser des enseignements positifs, par une intelligence précise et complète des positions, des mouvements et des conditions relatives des deux adversaires. Beaucoup de relations ne disent pas un mot de ce qui concerne spécialement l'emploi de la cavalerie ; d'autres ne fournissent que des données éparses, isolées, fragmentaires. L'auteur s'est rigoureusement interdit d'employer le procédé aussi facile qu'usité de combler les lacunes en laissant son imagination galoper dans le domaine de l'histoire. Il a tiré des matériaux existants tout le parti qu'il a pu ; et lorsque ces matériaux se sont trouvés insuffisants, il a cru devoir mettre le mérite de l'exactitude et de la véracité au-dessus de celui d'offrir une narration mieux arrondie.

Le travail qu'on va lire pourrait être assurément plus parfait sous plusieurs rapports ; mais le lecteur intelligent, en se rendant compte des difficultés inhérentes à l'œuvre, tiendra compte à l'auteur de sa bonne intention. Qu'un penseur y démêle une idée utile, qu'un jeune officier y rencontre une solution à quelque doute, qu'un militaire expérimenté y trouve des preuves à l'appui de quelque conviction tirée de sa propre expérience, ce sera une justification suffisante de l'entreprise et une surabondante récompense du travail qu'il a pu en coûter pour la réaliser.

Paris, septembre 1848.

LIVRE PREMIER.

GUERRES DE LA RÉVOLUTION.

CHAPITRE PREMIER.

Guerres de la Révolution, depuis 1792 jusqu'à la paix de Campo-Formio.

Campagne de 1792.

Lorsqu'en 1792 l'armée des Alliés entra en France pour empêcher, les armes à la main, le renversement des trônes d'Europe, les forces du duc de Brunswick comprenaient entr'autres soixante-dix escadrons de cavalerie prussienne. La guerre ayant été décrétée, le 20 avril, à Paris, par l'assemblée nationale, sa déclaration fut immédiatement suivie d'une invasion des Français dans la Flandre autrichienne; mais cette expédition se termina presque sans combat, par la fuite des Français. Ce ne fut qu'en août que les Alliés entrèrent sur le territoire français, et vers le milieu de septembre seulement une armée française forte de 22,000 hommes et commandée par Dumouriez, se trouvait opposée à celle des Coalisés dans le camp de Grandpré sur les rives de l'Aisne. Cette armée, quittant sa position, se retira sur Sainte-Menehould sans être inquiétée, et y fit sa jonction avec le corps de Kellermann qui arrivait de Metz. Enfin, le 20 septembre au matin, les affaires parurent devoir se terminer dans les champs de Valmy par une crise décisive; mais au lieu d'une lutte sérieuse il n'y eut que la fameuse canonnade. Cette journée aura certainement toujours une grande importance historique comme un de ces points sur lesquels pivote, entraînée par la résolution d'un moment ou d'un homme, toute une série de conséquences dont l'effet se fait sentir durant de longues années dans l'existence des nations; mais au point de vue militaire, tous les événements de cette journée comme ceux de la campagne en général furent insignifiants et nuls.

Ce n'est point ici le lieu d'examiner tous les scrupules et toutes les lenteurs d'une politique timide et incertaine, les difficultés qu'une bonne organisation rencontrait dans des opinions et des intentions diverses et parfois contradictoires, les désordres et les misères que fit naître un système vicieux d'approvisionnement et qu'augmenta la nature du pays et l'état défavorable de la saison. Nous n'avons point à détailler comment ces causes, jointes à d'autres, firent totalement manquer la campagne; nous ne pouvons examiner non plus si l'on a raison de reprocher au duc de Brunswick d'avoir laissé passer l'un après l'autre les moments favorables où une victoire eût pu le conduire à un but qu'il était impossible de jamais atteindre par des négociations. Mais nous pouvons très bien, nous qui avons à parler des exploits et des vicissitudes de la cavalerie, faire observer qu'elle a perdu justement dans cette campagne une occasion où elle eût pu rendre des services essentiels et qui, jamais peut-être, ne s'était offerte plus belle. Une foule de petits engagements des campagnes postérieures (et nous en mentionnerons les plus importants dans ce livre) démontrent d'une manière irrécusable ce qu'on eût pu faire à cette époque contre l'armée française, et ce que c'était que cette invincible bravoure, fondée soi-disant sur l'enthousiasme républicain et si souvent exaltée dans des phrases bien ronflantes. Quelques jours à peine avant cette malheureuse canonnade, une partie considérable de l'armée de Dumouriez s'était dispersée devant un régiment de hussards prussiens. Dix mille hommes, dit-il, se sauvèrent devant 1500 hussards (1). Ce qui décida l'affaire, ce ne furent point certes les cris de vive la nation, mais la malheureuse détermination du duc, qui s'arrêta au moment où, marchant en avant sans crainte, on eût fait taire ces cris comme on les fit taire plus tard à Pirmasens et à Kaiserslautern. Du reste, s'il est vrai, comme le raconte Massembach, que le duc se laissa influencer dans cette occasion par un souvenir de l'affaire de Nauheim, il faut convenir qu'il fut bien mal servi par sa mémoire où devaient être imprimés tant de souvenirs glorieux du temps de sa jeunesse, lorsqu'il combattait sous les ordres du duc Ferdinand.

Le dernier coup de canon lâché contre les moulins à vent de Valmy signala la fin du dernier mouvement offensif de cette singulière campagne; au bout de quinze

(1) Vie du général Dumouriez, écrite par lui-même. Tome III, p. 127.

jours de pourparlers on battit en retraite sans être beaucoup inquiété par l'ennemi. L'armée, fondue de près de moitié par les maladies, arriva à Luxembourg le 24 octobre. L'ennemi ne lui avait pas fait perdre 1,000 hommes; la majeure partie de l'infanterie n'avait pas tiré un coup de fusil et la cavalerie avait à peine donné quelques coups de sabre. L'artillerie seule avait brûlé 10,000 charges pour casser les membres à quelques centaines de Français. L'affaire de Custine et sa retraite sur Mayence, qui termina la campagne, ne donna lieu à aucun engagement notable.

A la bataille de Jemmapes, où un faible corps autrichien dut céder au nombre après une vigoureuse résistance, la cavalerie n'eut de part et d'autre qu'un rôle secondaire. Il s'y trouvait vingt-cinq escadrons autrichiens qui rendirent d'excellents services, surtout en protégeant la retraite, bien qu'il y eût peu de succès à espérer devant la supériorité numérique des Français.

Campagne de 1793.

I. Sur le Rhin.

En 1793, les opérations de l'armée prussienne pivotèrent durant la première moitié de la campagne autour du siége de Mayence qui réussit, et durant la seconde moitié autour du siége de Landau qui échoua, faute d'avoir été entrepris avec des moyens suffisants. Le corps de

Wurmser chassa des lignes de Wissembourg l'armée française dite du Rhin, et la refoula jusqu'à Strasbourg. De cette place jusque vers Sarrebruck, les Alliés, divisés en petits corps, livrèrent une multitude de combats plus ou moins insignifiants et peu décisifs. A Pirmasens et à Kaiserslautern, les troupes, dignes des Prussiens de Frédéric, se maintinrent dans leur position contre des attaques supérieures; mais il ne pouvait suffire de conserver une position pour décider à l'avantage des Alliés la lutte contre les forces sans cesse croissantes de la Révolution. Les forces des Alliés ne furent pas une seule fois réunies ou employées avec ensemble à porter un coup décisif; le duc et Wurmser essayèrent en vain de s'entendre pour opérer de concert. Cette seconde campagne qui se termina plus glorieusement, il est vrai, que la première, mais sans atteindre davantage le but qui l'avait fait entreprendre, n'eut d'autre résultat que la reprise de Mayence. La cavalerie eut isolément quelques beaux engagements; le peu qu'on fit contre Custine lors de sa retraite de la Nahe sur la Lauter, on le dut à quelques escadrons qui parvinrent à charger l'ennemi près de Waldalgesheim et de Rhein-Turkheim; plus tard, la cavalerie fut distribuée entre les quatre corps que l'armée forma en se divisant. A Pirmasens il n'y eut d'engagés que dix escadrons; à Kaiserslautern, il y en avait cinquante, dont dix-huit (dix prussiens et huit saxons) firent quelques charges heureuses contre la cavalerie et contre l'infanterie ennemie. Mais l'affaire s'étant terminée encore par la conservation du champ de bataille, il n'y eut pas non plus là de victoire décisive pour la cavalerie. Pendant la guerre de Sept-Ans, personne ne se fût avisé de donner le nom de bataille aux évènements de ces trois journées; mais probablement ce fût devenu une bataille sous la conduite de Frédéric II. Quoiqu'il en soit, le général Hoche, après sa tentative contre le corps prussien, ayant pu, sans que rien l'en empêchât, se joindre à l'armée du Rhin et attaquer les Autrichiens avec toutes ses forces, les journées de Kaiserslautern furent encore plus stériles que celle de Pirmasens, puisque aulieu d'empêcher le résultat défavorable de la campagne, elles ne firent que le retarder de quelques jours.

Le corps de Wurmser livra un grand nombre de combats, la plupart pendant sa retraite, et dont plusieurs furent vraiment glorieux, comme celui d'Ober-Seebach, le 25 décembre; la cavalerie française s'étant enhardie par la retraite des Alliés et engagée dans une attaque, fut repoussée avec une perte considérable ; dans cette occasion Wurmser lui-même chargea à la tête d'un régiment de hussards. L'entreprise la plus considérable de ce corps fut l'enlèvement des lignes de Wissembourg; mais la retraite du prince de Waldeck, qui avait passé le Rhin à Seltz avec 10,000 hommes et se trouvait sur les derrières de l'ennemi, et la négligence de la colonne de l'aile gauche qui s'était portée sur Lauterbourg firent manquer l'occasion de faire subir une défaite à l'ennemi fugitif.

II. Dans les Pays-Bas.

Dans les Pays-Bas, la campagne eut plus d'importance. L'armée autrichienne qui, sous les ordres du duc de Cobourg, passa la Roer et n'eut pas de peine à rejeter les Français au-delà de la Meuse, se composait de trente-huit bataillons et de cinquante-sept escadrons, en tout 36,750 hommes. Cette faiblesse numérique de l'armée prouve clairement que le cabinet de Vienne était encore bien loin de s'imaginer qu'il s'agissait ici d'autre chose que de la possession d'une province lointaine et que l'existence de l'empire entier était en jeu; ce ne fut qu'en 1796 que l'Autriche mit en œuvre toutes ses forces pour résister à un danger qui s'était développé dans une proportion formidable. Dans toute la première guerre, le principe de la défensive passive domina les opérations, et si l'on s'en écarta quelquefois, ce ne fut jamais que pour quelques moments et d'une manière passagère.

Dans l'armée du duc de Cobourg la cavalerie fut réunie à l'infanterie, et cette combinaison permanente pendant les campagnes de 93, de 94 et de 95, fut également conservée dans la plus grande partie de celle de 96.

En mars 1793, l'armée était distribuée comme il suit :

Avant-garde, Arch.-Charles,	11 batail.	11 escadr.
Première ligne, gén. Ferari,	8 batail.	16 escadr.
Deuxième lig., gén. Colloredo,	8 batail.	16 escadr.
Réserve, gén. Clairfait,	11 batail.	14 escadr.

Cet ordre de bataille subit de fréquents changements; en outre, des renforts successifs de troupes autrichiennes, anglaises, hollandaises et hessoises portèrent successivement l'armée à 114 bataillons et 137 escadrons, de sorte qu'au mois d'août, il y avait dans les Pays-Bas, sous le commandement du duc de Cobourg, 93,000 hommes d'infanterie et 21,180 chevaux.

Cependant on adopta le système de diviser cette masse de troupes en petits détachements composés de toutes armes, de leur faire occuper tous les points que pour un motif quelconque on croyait importants, et d'attendre dans ces positions étendues les attaques de l'ennemi. Grâce à ce fatal système, il arriva constamment qu'on ne put engager, dans toutes les affaires, qu'une faible partie des troupes ; en outre, il conduisait nécessairement à considérer comme le dernier terme de la stratégie de repousser l'ennemi, et cette idée acheva de paralyser les forces du petit nombre de troupes qu'on conduisit contre l'ennemi et anéantit notamment l'utilité de la cavalerie à un tel point, qu'on ne peut parler de ses actions que dans quelques circonstances où le hasard ou la bonne volonté d'un chef subalterne firent charger à propos une couple d'escadrons. Dès l'ouverture de la campagne, quand l'armée autrichienne surprit les Français à Aldenhoven et à Eschwiller, quelques détachements de cavalerie eurent des engagements très brillants dans lesquels se distingua principalement le régiment Latour-dragons. L'ennemi, prenant sa retraite sur Louvain où il se rallia derrière la Dyle, perdit 10,000 hommes et 20 bouches à feu, et probablement il lui en eût coûté davantage, si le duc de Cobourg ne s'était arrêté quinze jours sur la Meuse, ce qui donna le temps à Dumouriez de revenir de son expédition aventureuse en Hollande, et de prendre, le désespoir au cœur, le commandement des 45,000 hommes passablement ébranlés dont se composait encore l'armée.

Le 14 mars, le duc de Cobourg se mit en mouvement.

Pendant qu'il disposait tout pour une attaque concentrique, Dumouriez le prévint, en l'attaquant lui-même à Nerwinde, le 18 mars.

Deux jours auparavant, le 16, il y eut à Goidzenhoven un engagement par lequel on peut voir que les attaques de cavalerie sont souvent décidées, dans des moments d'embarras, pour réparer promptement une erreur ou une fausse mesure. L'avant-garde autrichienne, repoussée de Tirlemont, se retirait de la Grande-Gete derrière la Petite. Entre les deux petites rivières de ce nom se trouve, sur une éminence, le village de Goidzenhoven. Après que l'ennemi eut pris possession de ce point, on s'aperçut qu'on eut mieux fait de le garder : on se décida donc à le reprendre. Un régiment de cuirassiers chargea l'infanterie française, qui s'était mise en bataille sur deux lignes devant le village; il traversa les deux lignes, enleva une batterie postée près de l'endroit et y pénétra ; mais aucune troupe n'ayant pu suivre comme soutien sa rapide attaque, ce régiment dut se retirer, après avoir essuyé une perte notable, et laisser l'ennemi maître du poste.

A la bataille de Neerwinde la cavalerie était, de part et d'autre, distribuée de manière à soutenir l'infanterie; hormis une attaque qui fut entreprise par deux régiments de cuirassiers autrichiens et qui échoua, la cavalerie ne fit rien qui mérite mention. L'aile gauche des Français s'enfuit à Tirlemont sans être poursuivie; la droite et le centre se maintinrent jusqu'au soir près de Racour, d'Oberwinde et de Neerwinde. Ces villages, dont la possession fut tout le nœud de l'affaire, demeurèrent tous aux Autrichiens. Le 19, les Français se retirèrent, et, au lieu de les poursuivre, ce qui eût probablement amené la dispersion totale de leur armée, on les laissa partir tranquillement, et l'on aima mieux négocier avec Dumouriez, ce qui n'eut d'autre résultat que de faire passer à l'ennemi, le 5 avril, ce général suivi de quelques officiers et de 1,500 hommes.

Le congrès tenu à Anvers dans les premiers jours d'avril changea complètement la face de la guerre, en en changeant l'idée originaire : il n'y fut plus question de rétablir la royauté, et le but que se proposèrent dès-lors les puissances ennemies de la République fut de lui arracher des conquêtes. Cette transformation de l'idée politique première exerça sur la direction de la guerre une influence extrême. La première conséquence fâcheuse qui en résulta fut de scinder les opérations de l'armée des Pays-Bas en deux entreprises divergentes, l'une contre Dunkerque, l'autre contre le Quesnoy et Maubeuge, déjouées toutes deux, la première par la bataille d'Hondscoote, l'autre par celle de Watignies. Lors des engagements entre la Scarpe et l'Escaut, dans la forêt de Vigogne, pendant le blocus de Condé, il y eut peu de chose à faire pour la cavalerie. A l'attaque du camp de Famars, et à celle du camp de Bouchain, la première avant, la seconde après le siége de Valenciennes, on eut encore une occasion excellente de détruire, par des charges vigoureuses, l'ennemi mis en fuite; mais à la première affaire, le 23 mai, on s'arrêta quand déjà la moitié du camp était enlevée et la victoire décidée; à la seconde, le 6 août, il était prescrit déjà, par les dispositions d'ordre, qu'on eût à se contenter de repousser l'ennemi, et cette instruction fut suivie avec une telle ponctualité, que 46 escadrons demeurèrent les spectateurs oisifs de sa fuite sur Douai et sur Arras, quelque tentant que fut l'aspect d'une retraite aussi peu régulière.

La plus grande partie des troupes françaises, sans être poursuivie, n'en arriva pas moins à Arras dans le plus complet désordre (1).

Quant au combat d'Hondscoote, la cavalerie n'y put prendre aucune part, attendu que le feld-maréchal Freitag, se voyant serré de près par des forces supérieures, l'avait renvoyée en arrière pour se retirer dans ce terrain entrecoupé de haies, de fossés et de digues.

Combat d'Avesnes-le-Sec.

(11 septembre).

La cavalerie des Alliés, que des renforts successifs avaient portée à 137 escadrons (21,000 chevaux), n'avait rien fait, jusqu'au mois de septembre, que de soutenir et d'appuyer l'infanterie, soit dans des attaques paralysées par des considérations stratégiques, soit dans la défense de positions défensives. Enfin un hasard favorable fournit à deux braves commandants une occasion de s'affranchir de toutes ces considérations gênantes et d'essayer la vigueur de leurs chevaux et le tranchant de leurs lames.

Les Français, pour dégager Le Quesnoy, firent plusieurs tentatives avec des détachements isolés : car eux aussi semblaient croire qu'on parvenait à faire beaucoup de choses en multipliant les entreprises. Le 11 septembre, un corps de 8,000 hommes environ (dix bataillons, vingt bouches

---

(1) Voyez Grimoard, Tableau des guerres de la Révolution.

à feu et un peu de cavalerie) se porta de Cambrai contre Saulsoir, sur les chemins du Quesnoy. Le passage de la Selle était défendu par le colonel prince de Lichtenstein, avec quatre bataillons et huit escadrons, qui résistèrent pendant deux heures à toutes les attaques et donnèrent ainsi au général Bellegarde le temps d'arriver à leur secours avec les troupes les plus voisines; il se trouva donc quatre régiments de cavalerie réunis, formant un total de 2,000 hommes. A l'arrivée de ces forces, l'ennemi renonça à l'attaque, et se retira sur l'Escaut par le chemin le plus court, dans la direction d'Avesnes-le-Sec. Le comte Bellegarde et le prince de Lichtenstein le suivirent avec la cavalerie, laissant l'infanterie et l'artillerie dans leur position; la cavalerie française, beaucoup trop faible, continua précipitamment sa retraite; l'infanterie, à l'approche des Autrichiens, se forma en deux grands carrés, et son artillerie reçut l'ennemi par un feu bien nourri. Mais ni le feu de ces vingt pièces, ni celui de l'infanterie, quoique ouvert à la distance de cinquante pas seulement, ne put arrêter cette brave cavalerie. Le prince de Lichtenstein, avec le régiment Kinsky chevau-légers, attaqua de front; Bellegarde, à la tête des hussards Kaiser, le flanc droit; le régiment de Nassau cuirassiers et les restes de l'ancien régiment français Royal-Allemand, passés à l'ennemi avec Dumouriez, se jetèrent sur les derrières des Français. A la première charge les deux carrés furent enfoncés; la plus grande partie de ces troupes fut sabrée, et quelques centaines d'hommes seulement purent, en se dispersant, regagner Bouchain et Cambrai; 2,000 prisonniers, 20 bouches à feu et cinq drapeaux, restés aux mains des Autrichiens, furent les trophées de cette journée qui ne couta aux vainqueurs, suivant les rapports officiels, que 2 officiers et 79 hommes. Dans les circonstances où ce combat fut livré, on peut dire que ce beau fait d'armes n'eut aucune influence sur la marche de la campagne; pour couvrir le siége du Quesnoy il eût suffi de défendre Saulsoir, et au point de vue de l'idée stratégique qui présida à cette campagne on pouvait dire que ce fut une action entièrement superflue. Mais qu'on se représente les suites d'un pareil évènement au milieu d'une bataille, où la défaite d'une division, loin de n'être qu'un fait isolé, fragmentaire et sans portée, peut au contraire être la cause directe d'une victoire décisive! Quelle autre figure un pareil fait d'armes ne ferait-il pas alors dans l'histoire! La charge exécutée par Kellermann à la bataille de Marengo, et qui décida du sort de cette journée et de la campagne entière de 1800, ne fut pas, en elle-même, plus difficile ni plus belle que celle d'Avesnes-le-Sec, et pourtant l'Europe entière en a été dans l'admiration, tandis qu'il n'a guère été question de cette dernière affaire. C'est ainsi que la Gloire distribue ses couronnes avec une partiale inégalité, non pas en raison des efforts et des travaux accomplis, ni même des succès immédiats et particuliers, mais en raison de la grandeur des résultats généraux.

Combats de Watignies.

(15 et 16 octobre).

Dans les affaires de postes qui eurent lieu le 15 et le 16 octobre aux environs de Maubeuge, et dont le résultat fut de faire lever le siége de cette place par le duc de Cobourg, affaires qu'on appelle d'habitude la bataille de Wa-tignies, plusieurs divisions de cavalerie autrichienne re-poussèrent, avec une perte considérable, l'infanterie fran-çaise. Dans la soirée du 15, Bellegarde, à la tête de 4 es-cadrons, culbuta complètement près de Malmaison la co-lonne de gauche des Français et s'empara de 8 bouches à feu. Le lendemain, une autre attaque, faite également par 4 escadrons, sous les ordres du colonel Haddik, près d'Obrechies, eut le même succès, et enleva aux Français 5 bouches à feu. Le marquis de Chasteler, alors lieute-nant-colonel, chargea aussi l'infanterie ennemie à la tête du régiment de Cobourg dragons, ce qui lui valut 8 coups de baïonnette, dont les blessures ne l'empêchèrent pas de parvenir à ses fins. Sur tous les points du champ de ba-taille, la cavalerie, par petites divisions, rendit les meilleurs services. Des deux côtés, on eut environ 3,000 hommes tués et blessés, et les Français perdirent en outre 27 bou-ches à feu. Les deux généraux ennemis prirent le parti de la retraite; mais Cobourg l'exécuta le premier, abandon-nant le champ de bataille à son adversaire étonné, et levant le siége de Maubeuge, quoique le duc d'York, arrivé à Englefontaine avec 12 à 15,000 hommes, eût pu très bien le seconder dans le cas où l'on aurait renouvelé le combat. Du reste, l'entreprise sur Maubeuge ayant été, *a priori*, considérée comme très difficile, il n'est pas surpre-nant qu'on se soit si facilement décidé à y renoncer.

La cavalerie française, désorganisée par la révolution et rétablie par une formation toute récente, trop faible en outre pour se mesurer avec succès avec celle des Alliés, ne fit guère parler d'elle pendant ces premières campagnes. A Neerwinde, comme à Jemmapes, elle combattit en petites divisions. Le seul combat remarquable qu'elle livra en 1793, fut celui d'Arlon, le 9 juin, lorsque l'armée de la Moselle voulut contribuer à faire lever le siége de Mayence, en opérant une diversion dans le Luxembourg. Un corps de quatre à cinq mille Autrichiens résistait aux attaques d'un corps trois ou quatre fois plus nombreux, lorsque enfin le colonel Sorbier, faisant avancer quelques pièces d'artillerie à cheval, les porta au galop jusqu'à cinquante pas d'un carré autrichien qu'elles couvrirent de mitraille. Les carabiniers, saisissant cet instant, chargèrent avec vigueur, et le corps autrichien fut repoussé après avoir perdu le quart de son monde et trois pièces de canon. On pourrait croire qu'il y a de l'exagération dans le rapport français; mais une lettre du général autrichien Schrœder au duc de Brunswick, datée du 10 juin, atteste l'exacte vérité du fait.

Campagne de 1794.

I. Dans les Pays-Bas.

La campagne de 1794 acheva l'œuvre commencée par celle de 1793; on y recueillit les fruits amers des idées politiques et stratégiques qui avaient empêché une attaque à Valmy, qui avaient fait décider, à Anvers, la prise de Condé, de Valenciennes et de Dunkerque, et entreprendre sur le Rhin la conquête de l'Alsace, mais qui, en définitive, n'avaient abouti qu'à faire perdre aux Alliés l'avantage réel de la supériorité tactique des armées, et à leur faire poursuivre un avantage imaginaire et illusoire, à savoir, la conquête et la conservation d'une certaine étendue de territoire. Le vieux principe, répété par Frédéric II au chapitre 10 de son Instruction, comme une règle bien connue de quiconque sait ce que c'est que la guerre : « La « division des forces mène à des défaites en détail, et les « troupes ne peuvent jamais être employées plus utile- « ment qu'à des attaques en force, » ce principe fut complètement perdu de vue pour des intérêts et des considérations tout-à-fait secondaires. « Lorsque les circonstances » dit Frédéric en quelques mots qui expriment sa manière de voir sur les détachements, « obligent à diviser les « forces et à s'en tenir à la défensive, on doit se régler sur « l'armée ennemie, qui est toujours le plus essentiel ; les « gens sensés ne s'occupent que des choses principales, « et savent supporter un petit mal pour en éviter un plus « grand. » Dans la campagne de 1794 on se conforma si peu à ces principes que, dans les Pays-Bas, on ne conduisit jamais contre l'ennemi le tiers seulement du total des forces disponibles, et que l'armée alliée du Rhin se contenta de vaincre à Kaiserslautern une division française, sans rien faire de plus pour rendre la campagne décisive. Il faut véritablement une foi bien aveugle et bien absolue dans la marche constamment progressive de la sagesse humaine, pour ne pas découvrir, par la comparaison entre ces campagnes et d'autres guerres antérieures, une décadence plutôt qu'un perfectionnement de l'art de la guerre.

Les armées françaises, pourvues, grâces aux mesures violentes de la Convention, d'un matériel immense que Carnot s'efforçait d'organiser le plus raisonnablement possible, poussées en outre sans relâche en avant par les représentants du peuple qui, à chaque bataille, avaient beaucoup à gagner et rien à perdre, atteignirent enfin leur but, malgré que l'ennemi, tout en reculant, conservât longtemps encore sa supériorité tactique, et que les chefs ignorassent complètement les secrets du plan d'opérations auquel on se plut à attribuer plus tard le résultat. Ce qui prouve l'ignorance des généraux à cet égard, c'est que Pichegru, quoique général en chef, ne se trouva ni à la journée de Tourcoing, ni à celle de Fleurus, et que Jourdan, le vainqueur de Fleurus, ne se douta certainement pas, le 26 juin au soir sur le champ de bataille, que sa victoire soumettrait au pouvoir de la République les Pays-Bas.

Au commencement de la campagne il sembla qu'on voulût revenir à l'idée primitive, qui ne pouvait se réaliser que par la défaite de l'armée française et par une invasion au cœur de la République; il fut question aussi de secourir les royalistes de l'intérieur, tandis que l'année précédente on avait laissé égorger la Vendée après une lutte héroïque. Quoi qu'on ait pu dire contre le plan d'opérations des Coalisés, si souvent discuté, l'idée offensive qui en faisait la base était aussi ce qu'il avait de meilleur, et les *instructions* communiquées par le duc de Cobourg à tous les généraux sous ses ordres (Valenciennes, 12 mars

1794) témoignent assez qu'il se faisait généralement une idée très juste de la situation des choses. Dans ces instructions, il était particulièrement recommandé à la cavalerie de ne se fier partout qu'à la vigueur de ses attaques; il n'en est que plus triste de penser qu'immédiatement après la première opération couronnée de succès, qui fut la prise de Landrecy, une défensive embarrassée et pesante prit la place de l'opération offensive qu'on avait projetée, et que la bataille Tourcoing, dont la perte par les Alliés ne peut être attribuée qu'à leur propre faute, donna à l'ennemi la haute main en Flandre. Il s'en suivit que la glorieuse défense des rives de la Sambre contre une attaque cinq fois renouvelée avec des forces supérieures, fut un héroïsme entièrement inutile, et qu'enfin, après l'affaire de Fleurus, il fallut laisser à la merci de l'ennemi les forteresses conquises et tous les Pays-Bas.

A l'ouverture de la campagne, la cavalerie autrichienne et anglaise démontra que la supériorité dont il est question dans les instructions n'était point chose illusoire : ses premières actions justifièrent parfaitement l'idée qu'on avait d'elle.

On commença les opérations le 17 avril, en chassant l'ennemi des environs de Landrecy et en investissant cette place. Les Français, après une perte d'un millier d'hommes et de 21 pièces de canon, se retirèrent sur Guise et Bouchain d'où ils firent plusieurs tentatives pour dégager la forteresse.

Combat de Villers en Cauchie.

(24 avril.)

Le 23 avril, 15,000 Français s'avancèrent de Bouchain vers la Selle, sur trois colonnes; le 24, le général Otto avec dix escadrons anglais et quatre autrichiens se porta au devant de l'ennemi. Il chassa la cavalerie française, pendant que quatre escadrons chargèrent six bataillons français qui avaient formé un carré oblong, les rompirent, sabrèrent 900 hommes et en prirent 400 avec cinq bouches à feu. La cavalerie perdit dans cette affaire 98 hommes; le reste des troupes ennemies repassa l'Escaut sans tenter un nouvel engagement, et la cavalerie anglaise envoyée contre elles ne put plus les atteindre.

Bataille de Troisville ou de Cateau-Cambrésis.

(26 avril.)

Une affaire plus brillante encore fut celle du 26 avril, où l'entreprise du général Chappuis, qui marchait avec 27,000 hommes de Cambrai sur Cateau-Cambrésis, fut déjouée par une attaque du régiment de Zeschwitz cuirassiers, commandé alors par le colonel prince de Schwarzenberg, et soutenu par neuf escadrons anglais. L'avant-garde autrichienne eut le bonheur, dès le commencement de l'affaire, de faire prisonnier le général ennemi en chassant la cavalerie française qui marchait à la tête de la colonne. L'infanterie française de l'aile gauche se mit en bataille entre le village d'Audancourt et la Cense de Tronquoy, et ouvrit son feu; l'artillerie en fit autant, et la cavalerie des Alliés se forma rapidement sur deux lignes avec une réserve. Le régiment de cuirassiers exécuta la première charge, qui réussit complètement; les Anglais vinrent ensuite, et en peu de minutes il y eut 3,000 hommes de sabrés et de pris; 22 bouches à feu et 29 caissons restèrent aux mains des Alliés, et le corps ennemi fut totalement battu.

Une autre colonne française, qui s'avançait contre l'aile gauche du corps du duc d'Yorck, et avait à sa tête les carabiniers, réussit à repousser les avant-postes des Alliés; mais après la défaite de l'autre colonne, elle retourna sur ses pas. Six escadrons (2 autrichiens et 4 anglais), commandés par le major autrichien Stephajiz, tournèrent l'arrière garde, l'attaquèrent pendant sa marche entre Marets et Elincourt, sabrèrent un millier d'hommes et prirent 10 bouches à feu et 22 caissons. La victoire était remportée sans que l'infanterie Alliée eût pris part au combat; la perte de la cavalerie fut de 1 général, 16 officiers et 380 hommes, tandis que celle de l'ennemi s'élevait à 5,000 hommes et 32 bouches à feu. A l'aile gauche, formée par le corps du général Alvinzi, il y eut également une belle charge exécutée par le régiment Blankenstein hussards, qui s'empara de 8 pièces de canon.

Ces combats, en ce qu'ils prouvent que de petites portions de troupes peuvent obtenir de grands résultats, semblent militer pour l'opinion de ceux qui croient plus convenable de diviser la cavalerie en petites divisions, parce qu'elle trouve plus facilement l'occasion de faire quelque chose, tandis qu'une grande masse, aisément gênée par le terrain, rencontre bien plus rarement un moment favorable, et le manque encore souvent à cause du temps qu'il faut pour la déployer et la faire mouvoir. Assurément on tomberait dans cet inconvénient, en admettant comme règle générale l'attaque en grande masse, et l'on réduirait la cavalerie à quelques rares occasions, attendu qu'aujourd'hui, l'infanterie étant devenue plus habile et plus apte à combattre sur tous les terrains, on ne tient plus à choisir pour champ de bataille un pays découvert et un sol uni. Mais si l'on réfléchit qu'il est infiniment plus facile de diviser, suivant les circonstances, une masse bien organisée, que de réunir en un tout les brigades isolées et éparses, une fois que le combat a commencé, on conviendra que la réunion en fortes masses est préférable comme forme normale préliminaire. Dans l'espèce, il semble évident que, si l'attaque contre la seconde colonne française à Marets eût été exécutée par un corps de cavalerie nombreux, et appuyé de quelque artillerie, ce corps eût pu avoir un succès bien plus grand qu'un simple détachement de 6 escadrons. La position des forces coalisées, éparpillées sur une étendue de six lieues, explique assez pourquoi une si faible partie de la cavalerie prit part à cette victoire, qui dans d'autres circonstances eût pu avoir un bien autre résultat.

Pendant que le centre de l'armée française essuyait la défaite de Cateau-Cambrésis, et que son aile droite, après avoir passé la Sambre, était rejetée au-delà de cette rivière, l'aile gauche, forte de 50,000 hommes, s'était portée de Lille vers la Lys en Flandre, s'était emparée de Menin et de Courtrai et avait battu, à deux reprises, près de Mouscron, un détachement des Alliés. Près de trois semaines se passèrent, avant qu'une force considérable fût réunie par les Alliés sur ce point, qui devait être toujours considéré comme décisif depuis que la plus grande partie des forces ennemies y était rassemblée.

Bataille de Tourcoing.

(18 mai.)

Le 16 mai les Alliés avaient réuni 85 bataillons, 31 compagnies d'infanterie légère et 114 escadrons (62,000 hommes d'infanterie et 11,700 chevaux); ces forces occupaient une position qui s'étendait en un demi-cercle de quinze lieues de diamètre, depuis Coyghem au nord de Menin, jusqu'à Saint-Amand sur la Scarpe; le gros de l'armée se trouvait à Tournay. Le 17, les troupes se mirent en marche, en six divisions, pour couper de Lille l'armée française dont le gros était sur la rive gauche de la Lys, entre Morzèle, Menin et Courtray, pour l'étreindre par une attaque concentrique, et masquer en même temps la place de Lille, d'où la division Bonneau (15,000 hommes environ) s'était portée sur la Marque. Voici quelles étaient les principales dispositions de l'armée alliée.

Le général Clairfait, avec 22 bataillons, 11 compagnies et 20 escadrons devait passer la Lys au-dessus de Menin, masquer cette place, et se mettre en communication avec les autres corps en prenant position entre Lille et Menin.

Le général Busch, avec 11 bataillons et 10 escadrons,

devait partir de Warcoing, détacher 4 bataillons et 3 escadrons pour observer la route de Courtray à Tournay, et se porter avec le reste sur Mouscron.

Le général Otto, avec 12 bataillons et 10 escadrons, devait marcher de Tournay sur Tourcoing, par Leers et Watrelow.

Le duc d'Yorck, avec 12 bataillons et 24 escadrons, devait se porter de Tournay à Mouveaux, par Lannoy et Roubaix.

Le général Kinsky, avec 10 bataillons et 16 escadrons, devait partir de Marquain, près Tournay, et se diriger par Bouvines vers la Marque.

Enfin, l'archiduc Charles, avec 17 bataillons et 32 escadrons, devait se porter de Saint-Amand sur Bouvines et Pont-à-Marque, où il devait rallier Kinsky, et, laissant un détachement pour contenir Lille, continuer, le 18, sa marche sur Tourcoing.

Dès le 17, des obstacles vinrent arrêter l'exécution de ce plan.

Le corps de Clairfait, retardé au passage de la Lys, ne franchit cette rivière que le 18, alors que sa présence devenait inutile, les colonnes du centre des Alliés étant déjà battues. Le général Busch donna sur un corps ennemi près de Mouscron et fut repoussé. Le général Otto parvint jusqu'à Tourcoing, qu'il occupa avec 7 bataillons et quelques escadrons, détachant quelques bataillons et escadrons vers Mouscron, et laissant 2 bataillons à Leers. Le duc d'Yorck distribua ses troupes de la manière suivante : 2 bataillons restèrent à Lannoy, 6 bataillons près de Roubaix, 4 occupèrent Mouveaux, la majeure partie de sa cavalerie, par suite d'une erreur, avait suivi à Bouvines la colonne de

Kinsky. Cette colonne et l'archiduc Charles passèrent la Marque; leur avant-garde suivit les Français, qui se repliaient sur Flers. Le gros des Autrichiens resta à Chérang, où 27 bataillons et 64 escadrons demeurèrent les bras croisés jusqu'au 18 dans l'après-midi, après quoi ils retournèrent à Tournay.

Le 18 au matin, les colonnes morcelées du duc d'Yorck et du général Otto furent attaquées par 50,000 Français et culbutées, comme cela ne pouvait manquer, ces faibles détachements ayant été opposés au gros de l'armée ennemie, et toutes les forces des Alliés ayant été employées à des manœuvres secondaires, et tellement disloquées et éparpillées qu'aucun corps ne fut à portée de soutenir l'autre. Une maladie, dont fut pris l'archiduc Charles, l'empêcha de rectifier par une résolution personnelle, comme il y eût réussi peut-être, ce qui avait fait manquer toute l'opération.

Sur les 114 escadrons de l'armée alliée, 10 se trouvaient avec le corps du général Busch qui ne prit aucune part au combat du 18 et se borna à surveiller la route de Courtray à Tournay et le voisinage de Mouscron; 64 escadrons restaient oisifs sur la Marque, et leurs éclaireurs seuls avaient vu l'ennemi; 2 escadrons se trouvaient à Templeuve, faisant l'escorte de l'empereur; 18 escadrons, répartis en petits détachements, partagèrent la destinée des corps auxquels on les avait attribués, et succombèrent à des forces supérieures; 20 escadrons du corps de Clairfait eurent seuls le bonheur d'agir un peu efficacement. Ces 20 escadrons rejetèrent sur Bousbek la division Moreau, lui enlevèrent 9 bouches à feu et 500 prisonniers, et ramenèrent ces trophées, pauvre compensation de l'insuccès complet de l'opération, et prouvant tout au plus que les troupes méritaient bien d'être mieux commandées. Au lieu de compter sur l'ignorance de l'ennemi à l'égard des mouvements que les Alliés firent pendant deux jours, et sur l'inaction que cette ignorance devait entraîner, on devait se faire précéder d'une avant-garde qui eût observé les mouvements de l'ennemi et masqué ceux des Alliés ; au lieu de charger le corps de Clairfait d'une manœuvre incertaine, en l'envoyant tourner les Français par un grand circuit, on devait au contraire le rallier au gros et le faire coopérer à l'attaque principale ; au lieu de poster sur la Marque, où il n'y avait rien de décisif à faire, un tiers de l'armée, on devait se borner à détruire les passages de cette rivière et à les faire observer par de petits détachements. Si l'on se fût porté sur Tourcoing et Mouveaux en force et soutenu par une bonne réserve, il est probable que l'entreprise n'eût point eu une aussi misérable issue. Enfin, si l'on eût employé la cavalerie, soit à former l'avant-garde, soit à soutenir le corps d'infanterie qui devait le premier aborder l'ennemi, et qu'on eût fait de la masse principale une réserve disponible, on peut supposer avec raison que cette arme eût fait son devoir pour fixer la victoire du côté des Alliés, ce qui était radicalement impossible après les dispositions qu'on avait adoptées. Cette journée coûta aux Alliés 4 à 5 mille hommes et 30 et quelques bouches à feu. Mais ce qui fût bien pis que cette perte matérielle, ce fut le détestable effet moral que la perte de la bataille produisit : elle augmenta la désunion des chefs ; elle jeta une plus grande incertitude dans leurs résolutions, elle détruisit la confiance des troupes dans leurs propres forces et donna naissance à cette funeste idée que toute résistance était inutile vis-à-vis des forces de la République; idée qui avait pour base celle qu'on se faisait en général de la Révolution, et que Bonaparte, lorsqu'il se mit à la tête de la puissance révolutionnaire, fit prévaloir avec une terrible énergie; idée qui troubla une foule de gens, grands et petits, hommes de guerre et hommes d'état, jusqu'à leur faire oublier leurs droits, leurs devoirs et même l'honneur. Ainsi, les adversaires de la France furent vaincus d'autant plus facilement qu'ils regardaient l'ennemi comme invincible.

Après cette fatale bataille de Tourcoing, le corps de Clairfait se battit encore deux fois, mais isolément, pour sauver Ypres. L'aile gauche des Alliés en fit autant, luttant sur la Sambre contre l'armée française de Sambre et Meuse, qui avait atteint, dans les premiers jours de juin, un effectif de 90 à 100 mille hommes, et qui, n'étant nullement inquiétée du côté de la Moselle et du Rhin, pouvait, à loisir et sans obstacle, attaquer les Pays-Bas. Le gros des forces alliées resta une seconde fois dans une inaction passive près de Tournay, pendant plus d'un mois, comme il était précédemment resté à Landrecy. Enfin, le 26 juin, 60 bataillons et 106 escadrons, en tout 45,700 hommes et 14,000 chevaux, formant à peine la moitié des forces réellement disponibles, se portèrent sur Fleurus contre l'armée de Jourdan, forte de 80,000 combattants au moins, dans l'intention de faire lever le siége de Charleroy, qui venait de capituler la veille après une défense honorable, soutenue par la garnison malgré sa faiblesse numérique et le déplorable état de ses ressources.

Bataille de Fleurus.

(26 juin).

La description de cette bataille, qu'on a eu tort de donner pour décisive, offre pour nous peu d'intérêt. Les Alliés répartis sur un demi-cercle de dix lieues, s'avancèrent en cinq divisions, repoussèrent les deux ailes des Français de l'autre côté de la Sambre, et refoulèrent le centre jusque derrière Lambusart, Ransart, Gosselies et Courcelles, après quoi ils suspendirent l'attaque, avant qu'un engagement décisif eût eu lieu. Quelques régiments de cavalerie trouvèrent seuls l'occasion de charger sur quelques points, et leurs attaques avaient été couronnées de succès; la division Marceau notamment, à l'aile droite, avait été complétement battue; la cavalerie française avait été ramenée par celle des Impériaux partout où elle s'était montrée. La perte totale des Alliés s'éleva à 1500 hommes; celle des Français fut dit-on de 4,000 hommes et quelques bouches à feu. Les avant-postes autrichiens restèrent devant Fleurus en face de ceux des Français; Jourdan garda sa position jusqu'au 1er juillet; le gros des Alliés était à Nivelles et à Braine-la-Leud.

Dans le rapport officiel, on prétexte de la reddition de Charleroy, dont la nouvelle était parvenue à l'armée, pour expliquer la cessation du combat; mais plusieurs faits, dont l'autorité a plus de poids que les locutions dont on se sert pour justifier une opération manquée, semblent prouver que, si l'évacuation des Pays-Bas n'était pas résolue déjà avant la bataille, pour le cas où elle ne réussirait point, du moins l'on s'était déjà familiarisé avec cette idée. Ainsi, l'empereur avait quitté l'armée; les troupes impériales, anglaises et hollandaises, amalgamées au commencement de la campagne, furent peu à peu triées et séparées afin de les mettre sur leurs lignes de retraite respectives; le commissariat des guerres fut retiré de Valenciennes; les places françaises furent occupées par des garnisons tellement faibles qu'il était impossible de songer à une défense sérieuse, ce qui arriva notamment pour la place de Valenciennes à la possession de laquelle on avait paru, l'année précédente, attacher une si grande importance. Il sembla donc, quand on marcha sur Fleurus, que ce ne fût que pour l'acquit de sa conscience, et nullement avec la résolution de faire les derniers efforts pour rétablir les affaires de la campagne, résolution qui peut-être eût valu aux alliés la victoire, comme elle avait jadis valu à Frédéric II quelques-uns de ses plus beaux triomphes.

A partir de cet instant, le reste de la campagne ne fut qu'une lutte sans vigueur ni énergie, que termina la retraite des Autrichiens qui repassèrent le Rhin, celle des Anglais qui s'en allèrent en Westphalie, et la conquête de la Hollande dont la défense devenait impraticable et nulle, aussitôt que la gelée eût permis de marcher dans toutes les directions sans être arrêté ni par les fleuves, ni par les canaux.

La cavalerie française de l'armée de Jourdan prit une part glorieuse au combat de Sprimont sur l'Ourte, où l'on culbuta le cordon formé par les Autrichiens qui perdirent 3,000 hommes et 14 pièces de canon. Celle de l'armée de

Pichegru termina la campagne par une victoire bizarre et peut-être unique dans les annales militaires, en chargeant et en enlevant une partie de la flotte hollandaise prise dans la glace au Texel. A la bataille de Fleurus il y avait une divison de cavalerie, de 3,000 chevaux environ, placée en réserve; quelques charges qu'elle essaya furent repoussées par les Autrichiens, et elle n'exécuta rien de notable; cependant cette disposition méritedd'être signalée, parce que, depuis lors, elle se reproduit presque toujours dans les armées françaises.

On a fréquemment vanté, comme un des avantages du nouveau système de guerre sur l'ancien, la répartition de la cavalerie en petits corps annexés aux divisions d'infanterie, et on a attribué l'honneur de ce perfectionnement aux généraux français des guerres de la révolution.

C'est là une idée complètement erronnée; elle repose soit sur des principes qu'on ne peut admettre ni comme les seuls, ni comme les plus justes en ce qui concerne la destination de la cavalerie, soit sur une certaine inintelligence de l'histoire militaire tant ancienne que moderne. Nous n'avons pas la prétention de développer et de traiter les divers points de vue sous lesquels cette question peut être envisagée, ni de créer à cet égard une doctrine; mais, notre but étant de représenter des faits historiques avec leur connexité intérieure et extérieure, nous croyons d'autant plus à propos d'entrer dans quelques considérations à ce sujet, que cette campagne est souvent citée comme le triomphe du système moderne sur l'ancien et que l'on arguait encore des succès attribués à ce prétendu perfectionnement des Français, lorsque, depuis longtemps déjà, les armées françaises avaient renoncé à des expédients qui ne furent qu'un pis-aller pendant les premières campagnes, et qu'elles y avaient substitué une règle entièrement différente.

Il y a des combats où la cavalerie n'a pris part que dans une proportion relativement très faible, lorsque les circonstances commandaient l'emploi des autres armes, et rendaient impossible celui de grandes masses de cavalerie : les campagnes de Frédéric II offrent plusieurs beaux exemples de ce genre. C'est d'ailleurs une vérité aussi ancienne qu'incontestable, qu'en pareil cas l'emploi judicieux d'un petit corps de cavalerie vaut mieux que l'inaction d'une grande masse, spectatrice oisive du combat, et qu'un vaillant fait d'armes de quelques cavaliers est préférable à la présence d'un grand nombre qui ne font rien. Pour concevoir cela, il n'y avait pas besoin de la Révolution.

Mais de ce que cette proposion est évidente, il ne s'en suit pas qu'on en doive faire une règle générale et qu'il vaille mieux diviser toujours toute la cavalerie d'une armée en une foule de petits détachements, pour les attacher aux divisions d'infanterie. Sans doute que cette mesure a pu dans les premières campagnes de la Révolution convenir parfaitement à la cavalerie française, alors assez faible et en général assez mauvaise pour qu'il n'y eût pas grand'chose à attendre d'elle, et qu'au contraire elle eût tout à craindre de la supériorité de cette arme chez les Alliés. Cependant, tout en accordant que les Français aient échappé à plus d'un inconvénient par cette disposition, nous croyons qu'évidemment il leur a été bien plus avantageux encore que leurs adversaires aient cru devoir les imiter sur ce point, ou qu'ils aient de leur propre mouvement appliqué à leur armée une mesure nécessaire peut-être pour la protection et la sureté d'une troupe faible, mais qui, imposée à une troupe pleine de force, ne peut que la paralyser. Ce système de morcellement n'a jamais conduit à de grands résultats ; il eut bien plutôt pour effet d'amoindrir extrêmement l'importance et l'efficacité de la cavalerie des Alliés, pendant les campagnes de 1793 et 1794, et plus tard, comme on le verra, il eut des suites encore bien plus désastreuses. Du moment où les armées françaises eurent acquis une force et une valeur intrinsèques plus réelles, on trouve presque toujours dans leurs ordres de bataille un corps de cavalerie indépendant, comme l'armée de Jourdan l'avait déjà à Fleurus et le conserva depuis cette journée jusqu'à la paix. Napoléon n'a jamais fait grand cas de ce morcellement de la cavalerie pratiqué avec intention et en manière de règle, bien qu'il se soit également abstenu de tomber dans l'excès contraire par une séparation complète des deux armes. D'habitude il tenait la grosse cavalerie concentrée et à sa disposition, comme réserve, et attachait aux corps d'infanterie autant de cavalerie légère que les circonstances lui paraissaient en exiger, en affectant la plus grande partie de cette arme au service d'avant-garde et d'avant-postes ; c'est à peu près ce que pratiquait le roi Frédéric, sauf quelques modifications et quelques différences de noms. Il semble donc que les armées allemandes, et particulièrement l'armée prussienne, auraient très bien pu sur ce point ne tenir aucun compte des prétendues expériences des guerres de la Révolution et rester fidèles à l'ancienne pratique consacrée par des succès incontestables ; elles n'y auraient guère perdu, et se seraient épargné peut-être plus d'une leçon douloureuse.

II. Sur le Rhin.

L'armée, dont le commandement avait été remis au feld-maréchal Mœllendorf après le départ du duc de Brunswick, se composait de :

69 bataillons et 90 escadrons de Prussiens ;
5 bataillons et 10 escadrons de Saxons.

74 bataillons, 100 escadrons formant une masse de 45 à 50 mille hommes.

Une autre armée, presque égale en force et composée d'Autrichiens, des contingents de l'Empire et du corps de Condé, occupait la rive droite du Rhin, depuis Mayence jusqu'à Bâle par Mannheim et Philipsbourg ; une faible portion de cette armée seulement passa sur la rive gauche ; tout le reste fut employé à observer un vaste espace où il entendit à peine parler de la guerre.

La convention conclue à la Haye, le 19 avril, avait fixé au 24 mai le commencement des opérations de l'armée du Rhin. Le feld-maréchal Mœllendorf ouvrit la campagne quelques jours avant ce terme ; mais déjà, dans ce moment, l'opération avait échoué dans les Pays-Bas ; la bataille de Tourcoing était perdue, Ypres pris par les Français, l'aile droite des Alliés rejetée sur l'Escaut et leur gauche serrée de près sur la Sambre par des attaques incessantes. Qu'on eût, *a priori*, regardé l'opération du Rhin comme plus convenable, cela se peut ; mais dans l'état où se trouvaient alors les affaires, les forces principales des deux partis se battant déjà depuis cinq semaines dans les Pays-Bas, ce n'était que dans ce dernier pays qu'il pouvait y avoir des opérations décisives : jamais on ne pouvait arriver à un résultat important en prenant Sarrelouis ou en couvrant les pays allemands de la rive gauche du Rhin. Dans le plan général des opérations on avait compté sur la coopération de l'armée prussienne, qui devait s'avancer par Trèves sur Thionville; mais des raisons politiques empêchèrent tout d'abord l'exécution de ce projet, et la tournure que prirent les évènements ne fut guère propre à écarter les difficultés. Il arriva, au contraire, que le roi Frédéric Guillaume II, qui seul de tous les monarques s'était montré à la tête de son armée au commencement de la guerre pour y défendre la cause de la royauté, en vint bientôt à regarder cette guerre comme une lutte inutile en faveur d'un intérêt étranger, lutte que la prudence commandait de terminer, dès qu'on le pourrait honorablement. Partant de cette idée, l'armée prussienne ne se battit que pour l'honneur de ses armes; l'espérance d'atteindre par des victoires décisives le but primitif de la guerre, en rétablissant la monarchie française, était déjà abandonnée avant l'ouverture de la campagne. Ce fut sous l'influence de cette même idée qu'on ne sut se résoudre à aucune grande opération; erreur funeste, car on ne soupçonnait point alors qu'on combattait réellement pour la patrie, et qu'il faudrait reprendre un jour, avec des efforts et des sacrifices bien autrement sérieux, la lutte à laquelle on renonçait en ce moment. Les petits engagements furent ce qu'il y eut de mieux dans cette guerre; la cavalerie, quoiqu'elle ne fit pas de plus grandes choses que toute l'armée en général, montra néanmoins un reflet de sa vieille gloire, conserva la confiance en sa force et acquit l'estime de l'ennemi, estime que Napoléon apporta jusque sur le champ de bataille d'Iéna, comme ses dispositions pour cette fameuse journée en font foi.

Combat de Kaiserslautern.

(22 mai.)

L'armée prussienne, jointe à un corps de seize bataillons et de 20 escadrons composés de troupes de l'Empire et autrichiennes, se mit en mouvement le 22 mai, pour obliger l'ennemi, posté dans la vallée du Rhin, à quitter le voisinage de Neustadt, et pour attaquer en même temps la division Ambert placée à Kaiserslautern. Seize bataillons et quarante-cinq escadrons de troupes prussiennes, ainsi que tout le corps autrichien, furent chargés de la première opération sous les ordres du prince de Hohenlohe ; le reste des troupes saxo-prussiennes fut chargé de la seconde.

Suivant les dispositions, le prince de Hohenlohe devait particulièrement s'efforcer de couper les communications de l'ennemi entre Neustadt et Lautern ; le colonel Blücher devait marcher sur Lautern par Weidenthal, avec trois bataillons, trois compagnies de chasseurs et cinq escadrons ; le général Ruchel, avec huit bataillons et dix escadrons, devait s'y porter également par le Schorleberg ; le général Courbière devait le suivre avec quatre bataillons de la garde ; le général Kleist fut envoyé avec six bataillons à Tripstadt, afin d'empêcher l'ennemi de diriger sa retraite de ce côté. Le général Knobelsdorf, avec dix bataillons, devait marcher sur Moorlautern ; le général Romberg, à la tête de dix bataillons et de sept escadrons, devait se porter sur Schlodenbach, passer ensuite la Lauter au-dessous de Lautern et prendre l'ennemi en queue ; le prince de Wurtemberg devait prendre position sur le Geisberg avec vingt escadrons. Enfin le général Kalkreuth, ayant sous ses ordres dix-neuf bataillons et vingt escadrons, partant de Kussel, devait faire une démonstration du côté de la Sarre, mais se diriger sur Ramstein avec le gros de ses forces.

L'entreprise réussit, bien que les dispositions n'eussent pas été complètement exécutées. L'ennemi fut obligé d'abandonner son poste de Lautern après avoir perdu 200 morts, 1,800 prisonniers, 17 pièces de canon et une quantité de bagages, sans qu'il y eût cependant d'engagement sérieux. La cavalerie n'eut que quelques escadrons d'engagés ; la réserve de vingt escadrons, postée sur le Geisberg, ne prit aucune part à l'action et ne fut d'aucun effet, l'ennemi ayant cédé devant le nombre sans attendre le déploiement de toutes les forces.

Dans la vallée du Rhin les Alliés ne firent point de progrès ; au bout de quelques jours, l'ennemi quitta les bords du Rehbach pour se retirer derrière la Queich. On serait arrivé sans doute à un résultat plus décisif, si l'on eût dirigé le gros des forces contre Neustadt et battu l'armée principale des Français ; la défaite de la division de Kaiserslautern, si même elle eût été complète, n'était toujours qu'un hors-d'œuvre.

Combats d'Edesheim.

(28 mai et 13 juillet.)

En marchant sur Landau, le fameux Blücher, alors colonel, soutint un combat brillant à la tête du régiment de Golz-hussards, d'une partie de celui de Wolfrath et des grand'gardes du régiment de Schmettau-dragons ; après avoir mis en fuite la cavalerie ennemie, il chargea près du village de Kirchweiler un corps d'infanterie, s'empara de six canons, neuf caissons et trois-cents prisonniers, sabra le même nombre d'hommes environ, poursuivit l'ennemi jusque derrière Edesheim, où la plus grande confusion se mit parmi les fuyards au passage du défilé étroit formé par ce village .Une action analogue eût lieu le 13 juillet, et au même endroit, lorsque les Français se reportèrent en avant, chassant en même temps les postes du Schœnzel et du Johanniskreuz. Blücher, avec ses hussards, fondit sur la tête d'une colonne qui débouchait d'Edesheim, enleva trois pièces de canon et fit quatre-vingts prisonniers au nombre desquels se trouvait le général Laboissière. Le prince Louis Ferdinand, qui suivait les hussards à la tête du régiment de Romberg-infanterie, se rendit maître du village et repoussa l'ennemi avec une perte considérable. Ces deux affaires sont très propres à montrer comment il est possible d'employer la cavalerie à l'attaque d'un défilé. Nous ajouterons que si toute cette guerre avait été faite d'après les principes suivis par Blücher dans ces affaires de détail, et qui vingt ans plus tard, lorsqu'il fut à la tête de l'armée.

lui valurent le nom de maréchal Vorwærts (*en avant*), il n'y aurait probablement point eu de paix de Bâle à inscrire dans les annales de l'Allemagne.

Dernier combat de Kaiserslautern.

(20 septembre.)

Le combat livré le 20 septembre à Kaiserslautern par le prince de Hohenlohe, fut le dernier acte de la campagne, ainsi que de la guerre entre la Prusse et la France. Ce prince, qui avait sous ses ordres quatorze bataillons et trente-cinq escadrons de Prussiens, renforcés de quinze bataillons et de quinze escadrons de troupes autrichiennes et palatines, détruisit presque complètement la division Meunier. L'ennemi, bien que ses avant-postes eussent été chassés du Schorleberg dès le 18, et que les Alliés le menaçassent dès lors d'une attaque, n'en persista pas moins à garder sa position, comme s'il désirait une répétition de la manœuvre qui en mai lui avait déjà coûté quelques milliers d'hommes inutilement sacrifiés. Le 20 il fut rejeté de l'autre côté de la Lauter, poursuivi par les régiments de hussards Blücher et Wolfrath, par les régiments de dragons de Katte et Schmettau, par les régiments de cavalerie impériale de Waldeck et Velcsay et par trois escadrons de chevau-légers palatins. Presque entièrement détruite, la division Meunier perdit près de 7,000 hommes. dont 4,000 prisonniers : les hussards de Blücher à eux seuls en firent plus de 1,500. Sans aucun doute les circonstances furent extrêmement favorables : outre qu'il y avait du côté des

Alliés une supériorité numérique tout-à-fait disproportionnée, il arriva aussi que la pluie nuisit considérablement au feu de l'infanterie française, et la livra en quelque sorte désarmée au sabre de l'ennemi. Bien que cet état de choses fût des plus favorables pour la cavalerie alliée, il faut dire que le prince de Hohenlohe, ainsi que Blücher qui commandait son avant-garde, le mirent bien à profit. Ni la nature boisée du terrain, extrêmement favorable à la manière de combattre des Français, ni leur feu de tirailleurs, ni leur agglomération en troupe serrée ne put les sauver des coups de la cavalerie. Cernées au milieu du bois, les différentes bandes qui se formaient furent successivement sabrées ou obligées de se rendre ; un détachement de 600 hommes, restes de quelques bataillons échappés à cette déroute et qui avaient réussi à se tenir ensemble jusqu'aux environs de Hohenek, y fût attaqué à son tour au moment où il lui fallut sortir du bois pour traverser un espace découvert, et tellement anéanti ou dispersé qu'il n'en échappa que quelques fuyards isolés.

Cette victoire n'eut pas plus d'influence sur la marche de la guerre que les précédentes ; ce fut, dans cette campagne, la dernière affaire de quelque importance entre les Prussiens et les Français, et en quelque sorte leur dernier adieu, la paix de Bâle ayant bientôt après suspendu la lutte qu'il fallut renouveler douze ans plus tard.

Sur les autres parties du théâtre de la guerre, dans les Alpes, les Pyrénées et la Vendée, la cavalerie n'a rien fait de décisif d'aucun côté. Cependant celle des Espagnols se signala par quelques glorieux faits d'armes pendant la belle campagne de Don Antonio Ricardos dans les Pyrénées Occidentales, en 1793 ; d'un autre côté, Westermann, non moins remarquable par son aptitude militaire que par son exaltation révolutionnaire, ne laissait échapper aucune occasion de mettre ses cavaliers aux prises avec l'ennemi.

Campagne de 1795.

L'année 1795 se passa presque entièrement en négociations. Bien que leur marche et leur objet soient demeurés en majeure partie secrets et aient été fréquemment controversés, il est pourtant hors de doute que l'inaction où les armées du Rhin restèrent jusqu'au mois de septembre ne peut avoir eu pour unique motif le besoin de se refaire après les campagnes précédentes. L'armée autrichienne était forte de 70,000 hommes, y compris 218 escadrons de cavalerie. L'armée française de Sambre-et-Meuse comptait 70,000 hommes d'infanterie et 14,000 chevaux ; l'armée du Rhin était de même force à peu près en infanterie, mais sa cavalerie était moins nombreuse.

Le 6 septembre, Jourdan passa le Rhin à Duisbourg avec l'armée de Sambre-et Meuse, s'empara de Düsseldorf sans éprouver de résistance, refoula l'aîle droite des Autrichiens de l'autre côté du Mein et forma de ce côté le blocus de la place de Mayence, investie sur la rive gauche du Rhin, depuis la fin de 1794, par une ligne de circonvallation d'une grande étendue. Le 20, Pichegru s'empara de Mannheim, qui ne fut pas mieux défendu que Düsseldorf; il s'y arrêta avec le gros de ses forces, et poussa en avant, sur Heidelberg, une division sous les ordres du général Dufour qui trouva convenable de marcher par les deux rives du Neckar.

Combat de Handschuhheim.

(24 septembre).

Le 23 septembre, les Français, en s'emparant du village de Schriesheim, avaient coupé la ligne de communication la plus directe et la plus commode entre les deux armées autrichiennes du Haut-Rhin. Le lendemain, 24 septembre, le général Quasdanowich les attaqua et leur fit essuyer une défaite totale, par les mêmes moyens à peu près qui avaient amené la défaite du général Chappuis à Cateau-Cambresis ; la séparation des colonnes françaises, marchant sur les deux rives du Neckar, facilita beaucoup la victoire Cette affaire tira son importance des circonstances : car une défaite essuyée sur ce point par les Autrichiens eût eu pour conséquence la perte des magasins de Heidelberg, la séparation complète des deux armées et les eut obligées peut-être à abandonner les bords du Rhin. L'honneur de la journée appartient à la cavalerie impériale (régiment Kaiser-dragons, une partie de Hohenzollern et de Szekler hussards), dont l'attaque culbuta l'ennemi, qui se retira sur Mannheim après une perte de 2,000 hommes et de 10 bouches à feu ; le général Latour se porta ensuite sur le Mein avec 9,000 hommes pour renforcer Clairfait, qui reprit aussitôt l'offensive. Jourdan, sans attendre une attaque sérieuse, regagna Düsseldorf et repassa le Rhin ; Wurmser assiégea et prit Mannheim.

Lors de la prise des lignes de circonvallation tracées autour de Mayence, 28 escadrons autrichiens prirent une part active au combat, surtout en poursuivant l'ennemi. A chacune des trois colonnes d'attaque on avait joint quelques escadrons de cavalerie, et dès que les retranchements furent enlevés, on lança 22 escadrons chargés d'achever la victoire et d'en tirer le plus de fruit possible, ce qu'ils firent à merveille. L'ennemi perdit plus de 3,000 hommes et toute son artillerie, composée de 138 bouches à feu. Cette entreprise pourrait être rangée au nombre des plus décisives, si la campagne, après avoir pris une tournure si favorable, ne se fut terminée tout-à-coup par un armistice, au lieu d'être couronnée par une défaite de l'armée de Jourdan. Les hostilités restèrent suspendues en Allemagne jusqu'au mois de juin de l'année suivante, tandis qu'en Italie Bonaparte avait déjà commencé, dès le mois d'avril, sa glorieuse carrière. En Allemagne, les Autrichiens s'endormirent sur leurs lauriers, comme si le sentiment inaccoutumé de la victoire eût eu sur leurs esprits une influence soporifique.

Campagne de 1796.

I. En Allemagne.

Au printemps de 1796, les forces impériales sur le Rhin s'élevaient à 174,000 hommes dont 43,000 de cavalerie. Celles des Français étaient de 154,000 hommes y compris un peu moins de 18,000 chevaux. Au moment de la dénonciation de l'armistice, Wurmser fut détaché en Italie avec 25,000 hommes, dont 3,300 de cavalerie. Il resta donc sur le Rhin 150,000 hommes environ, dont 40,000 à cheval, en face de l'armée française plus forte de 4,000 hommes.

Il serait superflu d'exposer ici les conditions et les idées stratégiques, ou autres, qui purent déterminer l'archiduc Charles, chargé du commandement de l'armée d'Allemagne, à se contenter de défendre la rive droite du Rhin. On comprendra toujours difficilement pourquoi l'archiduc n'exécuta pas dès le mois de juin sur la rive du Rhin, ce qu'il fit au mois de septembre en Bavière et en Franconie, en se jetant avec le gros des forces autrichiennes réunies sur l'une des armées françaises qui opéraient séparément. Pour croire que cette manœuvre fût impossible alors, il faudrait professer une soumission aveugle aux principes stratégiques exposés dans l'introduction de la relation historique publiée sur cette campagne par l'illustre général; mais les opérations de Bonaparte, qui s'exécutaient à la même époque en Italie, doivent faire naître des doutes sérieux sur la validité absolue de ces principes, et l'on ne peut s'empêcher de penser qu'en s'y conformant Bonaparte n'eût jamais vu Léoben, et Frédéric II n'eût osé faire un seul pas hors des frontières de son royaume, sous peine de passer l'un et l'autre pour des ignorants en matière de stratégie. Il y aurait bien des questions à débattre au sujet de cette fameuse campagne; mais comme il ne s'agit ici que de ce qui intéresse directement la cavalerie, nous nous en tiendrons à ce qui la regarde et nous examinerons avec soin de quelle manière elle fut employée dans la campagne de 1796, où la cavalerie autrichienne eut sur celle des Français une supériorité numérique telle qu'aucune autre guerre des temps modernes n'offre une pareille disproportion. Mais comment s'attendre à voir la cavalerie cueillir beaucoup de lauriers, en lisant, dès les premières pages de cette relation les paroles suivantes : « Les armées « allemandes n'offraient aucune supériorité sur celles de la « France, la cavalerie seule, et non l'arme décisive de l'in« fanterie, étant plus nombreuse que chez nos adver« saires (1). » Ces paroles ne semblent-elles pas donner à entendre qu'on n'attachait pas une grande importance aux services que pourraient rendre 40,000 hommes de bonne cavalerie? S'il est vrai que la stratégie moderne a réduit à néant l'efficacité du sabre, et fait de la cavalerie un accessoire incapable de contribuer aux victoires d'une manière

---

(1) V. Principes de la stratégie, expliqués par l'histoire de la campagne de 1796. Tome II.

décisive, que ne vendit-on à tout prix 20,000 chevaux pour mettre à pied autant de cavaliers et leur donner des fusils? Au moins, si tels sont les vrais principes de la stratégie, ces 20,000 hommes auraient passé du rôle de simples figurants, oisifs et inutiles, à celui de combattants réels, et ce qu'on aurait jadis considéré comme une punition serait devenu une métamorphose honorable.

Ce principe, tel qu'il est écrit dans l'ouvrage que nous venons de citer, ne doit-être regardé que comme une des raisons par les quelles on motiva la retraite sur la rive gauche du Rhin; qu'on l'accepte sous ce point de vue, nous le concevons; puisque les motifs véritables d'où dériva au fond cette singulière résolution, ne pouvaient être révélés, du moins dans cet ouvrage; mais de toute autre manière, adopter un principe pareil, ce serait prononcer contre la cavalerie un arrêt de condamnation qui la réduirait à néant. Voilà pourquoi celui qui écrit ces lignes croit devoir protester hautement contre une semblable prétention.

Assurément il n'était plus aussi facile en 1796 que dans les campagnes précédentes de passer sur le corps aux Français, formés et aguerris par quatre années de combats; cependant les conditions n'étaient pas tellement interverties qu'il ne fût plus possible de les entamer autrement que par des boulets ou des balles. La campagne de 1795 parle plus haut que tous les principes contre *l'invincibilité* des Français et contre l'impossibilité d'une offensive sur la rive gauche du Rhin. L'archiduc lui-même. par sa campagne de 1796, a glorieusement réfuté la condamnation prononcée contre la cavalerie, car on ne saurait contester que cette arme eut sa bonne part dans les succès des Autrichiens, bien qu'il soit également vrai qu'elle eût pu faire plus qu'elle ne fit réellement. Cela résultera de l'examen attentif de cette campagne, qui néanmoins, telle qu'elle est, doit encore être rangée parmi les plus remarquables et les plus belles de l'histoire militaire des temps modernes.

Du côté des Français, la cavalerie commençait à prendre aux combats une part plus sérieuse. Dans l'armée de Jourdan, en particulier, Ney et Richepanse faisaient de leur mieux pour conduire la cavalerie à des charges audacieuses, qui, dès l'ouverture de la campagne, furent couronnées de succès dans le combat d'Altenkirchen, livré contre la division du prince de Wurtemberg. Néanmoins, l'extrême supériorité numérique de la cavalerie autrichienne entravait partout les succès et les progrès de celle des Français, rendait plus difficile chacun de ses mouvements et dérobait ou protégeait ceux de sa propre infanterie. De la sorte, la cavalerie de l'armée impériale fut plus utile d'une manière indirecte et par sa présence, que redoutable pour l'ennemi par son action directe et l'emploi de ses armes.

Premières opérations de Jourdan et de Moreau.

Le 4 juin, le prince de Wurtemberg fut attaqué à Altenkirchen par le général Kléber, qui commandait deux divisions d'infanterie et une de cavalerie. Les Autrichiens, qui avaient sur ce point 14 bataillons et 28 escadrons, perdirent 2,000 hommes et 4 pièces de canon, et furent obligés de se replier derrière la Lahn, où l'archiduc se rendit également de Mayence avec la plus grande partie de l'armée du Bas-Rhin, laissant toutefois sur la rive gauche un corps de 22 bataillons et 22 escadrons. Le 15 juin, il y avait donc sur la Lahn une armée de 62 bataillons et 128 escadrons (45,000 hommes d'infanterie et 18,500 chevaux) en face de l'armée française de Sambre-et-Meuse, réduite, au dire de Jourdan, principalement par les désertions à l'intérieur, à 48,000 combattants (63 bataillons et 50 escadrons). Après quelques engagements à Wetzlar et à Ukerath, les Français repassèrent le Rhin ; le général comte de Wartensleben resta sur le Bas-Rhin et sur la Sieg, avec 37 bataillons et 76 escadrons ; 34 bataillons et 36 escadrons étaient à Mayence et aux environs ; enfin l'archiduc, avec 23 bataillons et 39 escadrons, se porta sur le Neckar, le général Moreau ayant passé le Rhin à Kehl, le 24 juin et les jours suivants, avec 58,000 hommes d'infanterie et 5,600 chevaux, et ayant repoussé sur tous les points le faible cordon des Autrichiens et des Souabes, qui s'efforcèrent en vain, dans plusieurs combats, de résister à un ennemi trop nombreux. Le 5 juillet, lorsque l'archiduc était déjà arrivé à Carlsruhe, le général Latour s'engagea encore dans une affaire près de Kuppenheim, à l'exemple du général Starray qui quelques jours auparavant en avait fait autant sur la Rench. Tandis que la concentration de toutes les forces disponibles eût dû être la première mesure pour se préparer au combat, on parut considérer comme affaire principale de se maintenir dans les positions de Renchen et de Kuppenheim et ne regarder la concentration des troupes pour un combat sérieux que comme une chose accessoire. On a peine à croire que Daun et Laudon eussent reconnu dans cette disposition un perfectionnement de l'art ! La cavalerie n'eut aucune occasion d'agir dans ces engagements; son seul avantage fut d'avoir moins à souffrir pendant la retraite où aboutissent toujours ces sortes d'opérations. Moreau avait également trop étendu son armée; son aile droite traversa la forêt Noire et passa presque tout l'été à faire une guerre insignifiante au corps du général Frehlich et du prince de Condé.

Bataille de Malsch.

Le 9 juillet, après que l'archiduc eût déjà fait ses dispositions d'attaque pour le lendemain, il fut attaqué par Moreau à la tête du centre, de l'aile gauche et de la réserve, formant un total de 45 bataillons et 64 escadrons (environ 45,000 hommes); les forces des Autrichiens, à peu près égales à celles des Français, étaient de 40 bataillons et 80 escadrons.

Après avoir été attaqué plusieurs fois sans succès, le général Kaym, qui occupait avec 10 bataillons et 5 escadrons le poste de Rothensohl dans les montagnes, en fut enfin délogé; la nombreuse cavalerie des Autrichiens servit à couvrir le flanc droit et à figurer dans la vallée du Rhin, sans qu'on lui fît rien faire de notable. Dans l'*Histoire de la campagne* (1), on explique cette inaction de la cavalerie en disant que la position de la cavalerie française et d'une nombreuse artillerie derrière le rideau de Mukensturm avait obligé l'archiduc à renoncer à l'attaque. Dedon, qui a considéré et décrit cette affaire sous un autre point de vue, dit que la cavalerie autrichienne ne fit rien, quoique

(1) Pages 161 à 167.

sa supériorité lui eût garanti un succès presque certain (1). Il est difficile de démêler la vérité au milieu d'assertions aussi contradictoires, mais ce qu'il y a de certain, c'est que les deux rapports s'accordent à dire que les 80 escadrons autrichiens présents au combat n'y eurent à peu près rien à faire. Il est difficile de croire qu'on n'aurait pas pu faire autrement, attendu que les plaines de la vallée du Rhin n'offrent point de difficultés de terrain; à moins d'admettre qu'il n'était point permis de vaincre sur ce point, parce que l'ennemi était victorieux sur le point décisif de Rothensohl.

Du côté des Français, nous remarquerons l'appui convenable et utile donné à la cavalerie par l'artillerie, pour la protéger contre la supériorité de la cavalerie autrichienne ; cependant, cette mesure ne saurait être considérée comme décisive dans cette circonstance.

La retraite de l'archiduc, de Malsch au Neckar, et du Neckar au Lech, ainsi que sa marche jusqu'à Amberg, si instructive qu'elle soit à d'autres égards, n'offre rien de remarquable à notre point de vue; grâce à sa supériorité en cavalerie, l'archiduc put marcher avec plus de facilité et de sécurité, tandis que les mouvements de l'ennemi en devenaient plus difficiles. Il en fut ainsi pendanttoute la durée de la campagne, et, la masse nombreuse de la cavalerie impériale n'ayant rendu de services que comme troupe légère, on s'imagina que la cavalerie en général n'était pas propre à autre chose, que c'était là sa véritable destination, et que les armées, d'après la stratégie moderne, n'en avaient besoin que pour le service de petite guerre

(1) Dedon, campagne de l'armée de Rhin-et-Moselle.

et tout au plus pour la poursuite de l'ennemi vaincu par l'action des autres armes. Cette idée en fit naître une autre : on crut qu'une cavalerie légère et mobile, dans le genre des cosaques, très propres au service de la petite guerre, mais incapables d'ordinaire de figurer sérieusement sur un champ de bataille, si ce n'est après la victoire ; on crut, disons-nous, qu'une semblable troupe était l'idéal de l'arme, et que tout ce qu'on avait considéré autrefois comme l'affaire principale de la cavalerie sur le champ de bataille, pouvait être mis de côté pour faire place à des bandes organisées selon les nouvelles idées.

L'histoire s'est chargée, comme dans tant d'autres cas. de réfuter cet éphémère préjugé. Napoléon, dès que de général heureux il fut devenu maître de la République, appliqua toute sa sollicitude à former des corps solides et habiles de troupes à cheval, dont la destination, suivant la coutume immémoriale, fut de charger, de rompre et de sabrer l'ennemi partout où elle pouvait l'aborder. L'erreur, qui ne s'était attachée qu'à l'apparence au lieu de descendre au fond des choses, édifia aussitôt sur ce fait une théorie non moins absurde: la cavalerie française de l'empire suppléant par une grande bravoure à ce qui manquait à son instruction technique que l'urgence des guerres continuelles ne permettait point de perfectionner, on en conclut qu'on développait la bravoure en négligeant la partie technique, et qu'une recrue maladroite montée sur un cheval de labour était un meilleur type pour le guerrier de l'époque, qu'un cuirassier de Seidlitz ou qu'un hussard de Ziethen. Cette manière de voir ne se conçoit qu'autant qu'on confondrait l'ordre essentiel à toute bonne organisation avec un pédantisme superficiel et futile qui tue l'esprit et ne voit que la forme. Plus tard, la France s'étant trouvée dans la nécessité de suppléer à l'insuffisance de la cavalerie par des expédients, on put y voir, comme partout et en tout temps, la supériorité d'une véritable valeur intrinsèque que constituent, après la bravoure, l'instruction tactique, l'ordre et la discipline : les *gardes-d'honneur* et autres troupes improvisées du même genre, étaient depuis longtemps dispersés, comme la balle d'avoine au souffle du vent, tandis que les débris de la vieille cavalerie, échappés à la catastrophe de Russie et au goufre dévorant de la guerre d'Espagne, résistaient jusque sous les murs de Paris, et savaient encore, dans cette dernière extrémité, se faire craindre et respecter de l'ennemi.

Combat d'Amberg.

Le général comte Wartensleben, ne pouvant comprendre qu'on pût laisser le chemin de la Bohême ouvert à l'ennemi, pour rejoindre l'archiduc, s'était retiré d'abord sur Wurzbourg, puis sur Amberg, et enfin sur la Naab, après avoir été repoussé successivement du Bas-Rhin, de la Lahn et du Mein par l'armée de Jourdan, qui avait repris l'offensive. Pendant ce temps, l'archiduc avait quitté le Neckar et s'était retiré sur la rive droite du Danube et de l'autre côté du Lech, après le combat indécis de Neresheim. Jourdan et Moreau, séparés par les mesures mal digérées du directoire, qui depuis la campagne de 1794 ne rêvait plus que de déborder l'ennemi, avaient suivi l'un le comte Wartensleben, l'autre l'archiduc. Ni l'un ni l'autre n'étaient bien instruits des mouvements de leur adversaire; Moreau perdit quelques jours avant de passer sur la rive droite du Danube ; ayant ensuite passé le Lech et battu à Friedberg le général Latour, que l'archiduc y avait laissé, il n'apprit qu'après sa victoire qu'il n'avait défait qu'un détachement et que l'archiduc lui avait échappé. Il s'avança jusque sur l'Iser, tandis que l'archiduc se mettait en communication avec Wartensleben et refoulait Jourdan.

Si bien combinée et préparée que fût l'opération de l'archiduc, elle n'en produisit pas moins que des résultats peu notables, parce qu'on ne s'occupa point à en compléter l'exécution sur le champ de bataille, sans quoi les marches ni les manœuvres ne sauraient faire grand mal à l'ennemi. Bernadotte, qui se trouvait à Neumarkt dans une position assez compromise, s'en tira avec une faible perte, et Jourdan put également atteindre Amberg. La division de cavalerie du général Bonneau, que Jourdan avait envoyée au secours de Bernadotte, fut harcelée et inquiétée par les détachements autrichiens ; mais elle n'eut aucune attaque sérieuse à essuyer.

Jourdan, pour donner à cette cavalerie le temps de le rejoindre attendit à Amberg, le 24 août, l'arrivée des Autrichiens, et continua sa marche sur Sulzbach quand elle l'eût ralliée. Son arrière-garde seule fut entamée, la cavalerie fut chassée, et le vingtième régiment d'infanterie légère, après s'être formé en carré et avoir repoussé deux attaques de la cavalerie autrichienne, fut enfin culbuté par une troisième charge et détruit. L'armée française, sans éprouver d'autre perte sérieuse, mais harassée par des marches dans un terrain incommode, atteignit Schweinfurth, où elle séjourna le 1er septembre. Le même jour, le général Hotze arriva à Wurzbourg avec 8 bataillons et 13 escadrons, et la faible garnison française se réfugia dans la citadelle. Le gros de l'armée autrichienne se trouvait entre Burgebrach, Schweinfurth et Wurzbourg.

Bataille de Wurzbourg.

A ne juger la situation des deux partis, à l'époque indiquée, que d'après les calculs de la seule prudence, il est incontestable que Jourdan eût mieux fait de continuer sa retraite sans s'arrêter, de Schweinfurth sur Francfort ou sur la Lahn, et sans livrer une bataille où il avait tout à perdre et peu à gagner; mais il se fit un point d'honneur pour lui et l'armée, de ne pas terminer la campagne sans une bataille. En effet, on aurait pu, en appliquant à l'armée de Sambre-et-Meuse le bon mot du maréchal de Saxe, dire qu'elle ne faisait la guerre qu'avec les jambes, si elle s'était contentée de courir du Rhin jusque sur la Naab à la suite du spectre insaisissable d'une victoire qui toujours lui échappait, et qu'elle fût revenue de la Naab sur le Rhin dès que l'ennemi aurait fait volte-face. Dans ce cas, comme dans beaucoup d'autres, les idées, l'humeur, le caractère du général firent taire les calculs de la stratégie; Jourdan résolut de livrer bataille. Qui le blâmera d'avoir fermé l'oreille aux scrupules craintifs, dès qu'il croyait entendre la voix de l'honneur? Ce qui mérite un juste blâme, c'est la demi-mesure qu'il prit pour exécuter sa résolution, en laissant à Schweinfurth le général Lefèvre, avec une partie considérable de l'armée, de sorte que 30,000 hommes seulement, dont 5 à 6 mille de cavalerie, se battirent à Wurzbourg contre 44,000 Autrichiens, dont 13,000 cavaliers (44 bataillons et 104 escadrons). Une destinée singulière semblait planer sur les entreprises de ce général : il remporta les victoires de Watignies et de Fleurus sans trop savoir comment ce bonheur lui arrivait, et il perdit contre l'archiduc Charles les batailles de Wurzbourg et de Stockach, dont il eût pu très-bien se dispenser, mais qu'il crut de son devoir de livrer.

On a souvent répété, et on donne comme une vérité généralement reconnue, que le système des réquisitions a totalement transformé la manière de faire la guerre. Cette grande invention des guerres de la Révolution aurait, dit-on, dégagé le général en chef de toutes les entraves dont les magasins, les fourgons de pain et les tonneaux de farine chargeaient autrefois son génie; il serait possible aujourd'hui d'entreprendre des opérations que nos timides aïeux ne soupçonnaient pas, et l'art de la guerre aurait dû principalement à cette innovation le degré de perfection auquel il est arrivé dans notre siècle de lumières. On s'est tellement plu à redire ces choses-là et d'autres encore, que toute objection semble avoir, de prime-abord, l'air d'un paradoxe. Nous ne contesterons point que certaines opérations des temps modernes se soient plus facilement exécutées parce que le général n'avait point à se préoccuper de l'entretien de son armée; mais nous ferons remarquer que précisément les guerres modernes offrent plusieurs cas où ce qu'on vante comme un perfectionnement, à savoir l'approvisionnement des troupes sans magasins, aux dépens des greniers et des caves, des granges et des champs, des huches et des bourses du pays, ou le système de réquisition en un mot, a été très contraire à la liberté des mouvements de l'armée. Sans parler du plus célèbre de ces exemples, de la campagne de 1812, nous nous en tiendrons à la situation de l'armée de Jourdan en Franconie, pendant l'été de 1796.

Jourdan, ainsi qu'il est dit plusieurs fois expressément dans ses *Mémoires, etc.*, était obligé de séparer son armée pour la faire subsister, et cette séparation le mit dans l'impossibilité de suivre l'ennemi avec la rapidité nécessaire, et de forcer le général Wartensleben à accepter le combat. Si Jourdan eût pu tenir ses troupes réunies et les faire subsister dans des positions concentrées, il aurait pu livrer dans le voisinage de Nurnberg, et dans des conditions beaucoup plus favorables, la bataille qu'il perdit à Wurzbourg, et sa campagne aurait pu prendre une tournure toute différente.

S'il est vrai que d'attendre les approvisionnements empêche souvent une armée de faire des marches rapides ou de prendre la direction que le général en chef eût désiré lui donner ; il est vrai aussi que l'absence d'approvisionnements établis à l'avance, ou de subsistances régulièrement transportées, peut obliger à marcher autrement qu'on ne l'aurait voulu, ou à séparer davantage les troupes. D'une façon, on est retenu et l'on peut se trouver empêché d'arriver à une situation qui offre de grands avantages ; de l'autre, on se trouve poussé malgré soi, et l'on peut se voir forcé d'abandonner des situations avantageuses.

Cette question ne saurait être débattue ici ; mais elle est assez importante pour que tous ceux qui s'intéressent à l'art de la guerre l'examinent sérieusement et avec une profonde attention. C'est une erreur dangereuse de n'envisager que sous un seul point de vue les différents moyens et systèmes d'approvisionnement qui formeront toujours un des principaux chapitres de l'art militaire. Il est impossible de poser des règles symétriques et tranchées, pour servir de patron invariable dans les questions souvent si compliquées du service des subsistances. Jadis comme aujourd'hui, on a fait des réquisitions ; à l'avenir, comme jadis, on aura recours aux magasins et aux fourgons de pain.

La bataille de Wurzbourg est décrite dans les *Principes de la stratégie* (1) avec le détail et la véracité qui caractérisent tout l'ouvrage ; nous ne parlerons ici que de ce qui concerne la cavalerie, qui trouva enfin dans cette bataille une occasion de se servir du sabre après ne s'être servie longtemps que des jambes de ses montures.

Le 30 septembre, à 7 heures du matin, l'aile gauche de l'armée autrichienne attaqua l'aile droite des Français (division Bernadotte, commandée par le général Simon), et la refoula de l'autre côté du défilé de Lengfeld. Le centre de l'armée française, formé par la division Championnet, s'empara du bois d'Estenfeld. L'aile gauche, sous Grenier, se trouva arrêtée à Ober-Bleichfeld par la division autrichienne du général Kray, qui avait passé le Mein à Schwarzach. Jourdan put se convaincre qu'il avait à faire à un ennemi très supérieur. La cavalerie autrichienne qui avait traversé la rivière à gué, pendant que l'infanterie défilait par le pont de Schwarzach, se déploya en masses imposantes près d'Euerfeld. L'armée française, par le mouvement rétrograde de l'aile droite, et par le mouvement du centre se trouva former une seule ligne. Jourdan expédia au général Lefèvre l'ordre de venir à son secours ; mais

(1) Tom. III, p. 105 et suiv.

vu la distance et le grand nombre de détachements autrichiens qui battaient le pays, il n'était guère probable que l'ordre pût arriver à destination, et moins encore qu'on pût l'exécuter. Toute la cavalerie française avait été réunie sous les ordres du général Bonneau et opposée près d'Euerfeld à celle des Autrichiens. La cavalerie légère qu'il avait envoyée en avant, fut ramenée par celle de l'ennemi ; Bonneau, voyant le nombre des ennemis croître sans cesse, comprit que ce serait rendre sa défaite plus inévitable que d'attendre l'attaque, et qu'un choc heureux était l'unique moyen de salut. Il fit donc sonner la charge : les Français s'élancèrent avec courage, et repoussèrent les escadrons autrichiens de l'aile gauche ; mais ce ne fut qu'un avantage de quelques minutes, car les régiments repoussés ayant été promptement recueillis par les autres, ceux-ci attaquèrent à leur tour. Bientôt toute la cavalerie française fut engagée dans la mêlée, tandis que l'ennemi avait encore en réserve douze escadrons de cuirassiers qui décidèrent la victoire. La cavalerie française fut ramenée avec une perte considérable jusque derrière son infanterie ; Jourdan et Bonneau firent d'inutiles efforts pour l'arrêter. Bien convaincu qu'il n'y avait point pour lui de palmes à cueillir, Jourdan ordonna la retraite sur Arnstein, et l'archiduc fit attaquer le bois d'Esterfeld par ses grenadiers, qui l'emportèrent au premier effort. Toute la ligne française recula, les Autrichiens franchirent le ruisseau qui coule de Kœrnach à Lengfeld, et se rangèrent sur deux lignes, avec une troisième formée par la cavalerie. La forêt de Gramschatz reçut les Français, qui se retirèrent ensuite jusqu'à Arnstein.

Qu'on se figure maintenant dans les mêmes conditions

une bataille à la Frédéric II ou à la Bonaparte, et l'on verra que la perte des Français qui ne s'éleva guère au-delà de 2,000 hommes, n'eût fait que commencer au moment où l'armée autrichienne fit halte, satisfaite du résultat. Deux bataillons de la division Grenier furent sabrés pendant qu'ils se retiraient de Bleichfeld à la forêt de Gramschatz. Si le gros de la cavalerie autrichienne se fût porté sur les derrières de l'armée française aussitôt qu'elle battit en retraite, il est difficile de voir comment celle-ci s'en fût tirée sans des pertes considérables, quelque bonne idée qu'on puisse avoir de la bravoure des Français. Rarement on a trouvé une occasion plus favorable pour remporter une victoire complète, et la modération des Autrichiens leur coûta assez cher. Si Jourdan eût été ruiné à Wurzbourg par une attaque poussée à fond, comme disait Bonaparte, l'archiduc n'eût pas été obligé de tant se tracasser à manœuvrer sur la Lahn pour lui faire repasser le Rhin ; il eût pu beaucoup plus tôt, avec plus de forces, revenir sur Moreau et terminer d'une manière plus funeste pour ce général sa retraite tant admirée, que personne ne troubla ; la journée de Wurzbourg, dans ce cas, ferait une autre figure dans l'histoire, et eût prouvé que la cavalerie pouvait encore, comme 30 ans plus tôt, remporter des victoires décisives.

La courte campagne de 1797 en Allemagne n'offre aucun évènement de quelque importance sous notre point de vue, l'armistice l'ayant terminée avant que le premier acte eût été joué. Les Français débutèrent avec une grande supériorité de force, et leur cavalerie semblait disposée à tirer parti des circonstances qui la favorisaient, notamment à l'armée de Sambre-et-Meuse, portée à 70,000 hommes. En quelques jours les Autrichiens furent refoulés depuis la Lahn jusque sur le Mein. Au moment où arriva la nouvelle de l'armistice, la cavalerie française avait pénétré dans Francfort, entreprise hardie dont l'utilité réelle ne put être appréciée.

La cavalerie de cette armée était formée en 4 divisions suivant les armes : les cuirassiers et les hussards faisaient partie du centre, les dragons de l'aile droite, les chasseurs de l'aile gauche. Ces trois parties de l'armée se composaient chacune de deux divisions d'infanterie, de sorte que cette distribution était à peu près celle qui, plus tard, se reproduisit dans les corps d'armée de l'Empire.

L'armée du Rhin avait à peine eu le temps d'effectuer le passage du fleuve et de s'établir sur la rive droite, lorsque l'armistice vint mettre un terme à ses opérations.

II. Coup d'œil sur la campagne d'Italie.

Bonaparte commença sa brillante carrière en débouchant des Apennins dans le Piémont; s'étant débarrassé de l'armée sarde par la paix honteuse qu'il lui avait imposée, il entra en Lombardie. Sa faible cavalerie ne paraît pour la première fois qu'après que l'armée française a débouché des montagnes pour se porter sur Céva; après le combat de Mondovi, livré le 22 avril, nous la voyons poursuivant les troupes sardes mises en fuite. Le général Stengel, qui commandait cette arme, fut tué à cette occasion, et Bonaparte, dans une de ses premières lettres à Carnot, s'étant plaint de n'avoir pas de chef convenable à mettre à la tête de sa cavalerie, le directoire lui envoya deux généraux à l'essai (1).

La faiblesse de la cavalerie ne lui permit de prendre part aux brillantes victoires de Bonaparte qu'en combattant par petites divisions. Les exploits du lieutenant Hercule au pont d'Arcole, tels que les racontent les rapports français, pourraient bien n'être que des exagérations bonnes à figurer parmi les 12 travaux de son homonyme mythologique. Sans ce fameux lieutenant, l'issue du combat eût sans doute été absolument la même, le général autrichien étant décidé, dès le 17 novembre au matin, à céder et à se retirer (1).

L'exploit le plus décisif de la cavalerie française fut sa fameuse attaque à la bataille de Rivoli, bien que ce fait d'armes, rendu si célèbre par les conséquences immenses qu'il entraîna, ne fût en lui-même que ce qui arriva dans une multitude d'autres occasions, c'est-à-dire qu'une troupe de cavaliers chargèrent avec audace une masse confuse d'infanterie. Pendant ce temps, la cavalerie autrichienne était encore empêtrée dans les défilés de l'Adige ; sur le champ de bataille il n'y en avait pas un seul homme, à part un escadron marchant assez mal à propos à la tête de la colonne qui débouchait de la vallée de l'Adige sur le plateau de Rivoli ; cet escadron fut rejeté dans le défilé.

Le plus bel exploit de la cavalerie autrichienne dans

(1) *Correspondance inédite d'Italie*, tom. I, p. 139.

(2) Id., p. 200.

(1) *Voy.* Campagne d'hiver de l'armée impériale d'Italie, en 1796 et 1797, par le général Neuperg.

cette malheureuse campagne, où, malgré les désastres de l'armée, cette arme sut faire honneur à son ancienne renommée, fut la journée du 14 septembre, où elle chassa du camp devant Mantoue la division Masséna. Bonaparte, après avoir refoulé Wurmser sous les murs de Mantoue, voulait l'enfermer dans cette place. A cet effet, on devait surprendre, le 14 septembre au matin, les Autrichiens campés hors de la forteresse. La surprise réussit, et déjà la division Masséna pénétrait dans le camp. La majeure partie de la cavalerie était allée au fourrage dans la ville; mais elle revint encore à temps. Les escadrons avec leurs chevaux sans selle et tels qu'ils arrivaient, se précipitèrent sur l'ennemi et le repoussèrent avec une perte considérable. Cet avantage partiel demeura toutefois sans résultat, car la place n'en fut pas moins investie quelques jours plus tard. Toute cette brave cavalerie, qui eût été si utile en campagne, mangea ses chevaux pendant un long blocus, et succomba enfin à la disette, diverses tentatives pour sauver Mantoue ayant successivement échoué, parce que, sauf les variantes dans l'exécution, on les entreprit toujours avec la même inintelligence et qu'on voulut arriver par des manœuvres à un résultat qui ne pouvait naître que d'une victoire.

CHAPITRE II.

Guerres de la Révolution, depuis 1799 jusqu'à la paix de Lunéville.

Campagne de 1799.

I. En Allemagne.

La guerre entre la France et l'Autriche ayant éclaté de nouveau au printemps de 1799, après un repos de courte durée, les deux armées étaient distribuées ainsi qu'il suit :

FRANÇAIS.

Jourdan, avec 50,000 hommes d'infanterie et 8,000 chevaux, sur la rive gauche du Haut-Rhin.
Bernadotte, avec 8 à 10,000 hommes, près de Manheim.
Masséna, avec 30,000 hommes, en Suisse.
Schérer, avec 50,000 hommes, en Italie.

AUTRICHIENS.

L'archiduc Charles, avec 64,000 hommes d'infanterie et 26 à 27,000 chevaux, sur le Lech et le Danube.

Hotze, avec 25,000 hommes, dont 1,500 de cavalerie, dans le Vorarlberg et les Grisons.

Bellegarde, avec 46,000 hommes dont 2,600 cavaliers, en Tyrol.

Kray, avec 64,000 hommes d'infanterie et 11,000 chevaux, en Italie.

Une armée russe était en marche à travers les provinces autrichiennes, pour se rendre partie en Italie, partie en Suisse.

Bataille de Stokach.

(25 mars).

Dès que l'archiduc Charles eut reçu dans son quartier général la nouvelle de la marche de Jourdan en Souabe, il se porta au-devant de lui avec son armée. Le 21 mars, l'avant-garde autrichienne repoussa celle des Français de l'autre côté de l'Ostrach, près de l'endroit du même nom ; les Français se retirèrent sur Pfullendorf, puis sur Stokach. Le 23, ils quittèrent ce dernier endroit, repliant leur aile gauche sur Tuttlingen, leur centre sur Engen, et leur droite sur Singen ; le 24, l'archiduc arriva à Stokach. Sa cavalerie, nombreuse et excellente, lui donnait toutes les facilités possibles pour diriger ses manœuvres à son gré, pour surveiller de près l'ennemi, et pour le restreindre au terrain qui avoisinait immédiatement son camp ; en outre, si le nombre est une garantie de succès, les Autrichiens pouvaient concevoir des espérances fondées. Malgré ces avantages, on commença par ordonner pour le 25 une reconnaissance dont le résultat devait décider les mesures ultérieures.

En perdant ainsi une journée en reconnaissances qui ne pouvaient être utiles que suivies immédiatement de l'attaque, avant que l'ennemi eût le temps de changer sa position, on laissait à Jourdan tout le loisir de se soustraire à l'atteinte de son adversaire, s'il l'avait voulu, et de gagner une avance suffisante pour repasser le Rhin sans éprouver de perte. Rien naurait pu l'empêcher, non plus, de se retirer en Suisse et d'y rejoindre Masséna, ce qui, pour diverses raisons eût été le meilleur parti qu'il pût prendre. Mais, de même qu'avant la bataille de Wurzbourg, Jourdan crut qu'il était de son honneur de ne point battre en retraite avant d'avoir tenté le sort des armes, et, avec l'assentiment de ses généraux, il résolut l'attaque pour le 25.

Voici quelle était alors la position de l'armée autrichienne : la gauche, formée de 13 bataillons et de 24 escadrons, était derrière Wahlwies et Renzingen ; le centre, qui comptait 9 bataillons et 12 escadrons, était à Stokach ; l'aile droite, de 15 bataillons et de 24 escadrons était à Mahlspüren ; l'avant-garde, forte de 12 bataillons et 40 escadrons, s'étendait devant le front de l'armée, embrassant un circuit considérable, par Liptingen, Eigeldingen et Steuslingen, d'où elle partit le 25 au matin pour effectuer la reconnaissance prescrite, et rencontra les colonnes ennemies.

Suivant les dispositions prises par Jourdan, les divisions Férino et Souham, formant un total de 15,600 hommes, dont 3,200 de cavalerie, devaient se porter sur Stokach; Soult, soutenu par la réserve sous les ordres de d'Hautpoul, en tout 15,000 hommes, dont 4,700 à cheval, devait s'avancer par Emingen et Liptingen contre la droite des Autrichiens, pendant que Saint-Cyr, avec 5,800 hommes d'infanterie et 1,400 chevaux les tournerait par la droite et se dirigerait sur Mœskirch.

Le 25 au matin l'avant-garde autrichienne se porta dans la direction de Steuslingen, d'Aach et d'Emingen; ayant donné sur les colonnes françaises, elle se replia sur la position principale. La droite de l'avant-garde, composée de 9 bataillons et 14 escadrons, sous les ordres du général Meerveldt, fut vivement pressée par la colonne de Soult et refoulée jusqu'à Mahlspüren. Devant le centre, le général Nauendorf se maintint jusque vers midi dans le village d'Eigeldingen. Sur ce dernier point, comme à l'aile gauche, les Autrichiens repoussèrent les attaques des Français, et il s'établit une canonnade où tout l'avantage fut du côté de l'artillerie autrichienne. Ce fut à l'aile droite que se décida l'affaire. Un engagement des plus vifs, dont nous omettons les détails parce que la cavalerie n'y prit aucune part, se soutint pendant plusieurs heures dans la forêt entre Liptingen et Raithaslach. L'archiduc dirigea de Stokach sur ce point 6 bataillons de grenadiers et 12 escadrons de cuirassiers, se mit lui-même à leur tête, et délogea les Français qui, après une vigoureuse résistance dans les bois, se retirèrent sur Liptingen. Dans l'*Histoire de la campagne de* 1799, il n'est pas dit un mot du mérite personnel de l'illustre général, dont l'exemple héroïque eut certainement une influence décisive sur l'issue du combat; mais les rapports français en parlent avec le respect dû à un grand caractère. Nous aimons à nous arrêter à cet épisode brillant de la glorieuse carrière de l'archiduc, d'autant plus que le prince, dans bien des passages de ses œuvres, se critique lui-même avec une sévérité dont personne peut-être n'eût usé à son égard, et que, résistant à l'influence si puissante de l'amour-propre, il ne craint pas de s'immoler à la vérité historique, partout où il croit avoir erré. Dans le récit de la bataille de Stokach, la modestie qui sied si bien au héros, nuit à la vérité de la couleur historique: le moment où l'archiduc conduisit ses braves troupes à la victoire, est plus important pour l'histoire que toutes les considérations sur l'importance de Stokach comme point stratégique; l'un a une valeur absolue, tandis que l'autre n'en a qu'une très relative.

Six escadrons seulement furent envoyés par l'archiduc contre St-Cyr qui avait continué sa marche sur Mœskirch et détaché 3 bataillons pour appuyer la colonne de Soult. Ces six escadrons, joints au détachement de cavalerie déjà posté dans cet endroit, observèrent et retardèrent la marche de l'ennemi. Jourdan, qui d'abord s'était tenu à son aile droite, passa alors à la gauche et comprit que la manœuvre de St-Cyr, dont le but était de tourner l'ennemi, s'écartait trop pour avoir un effet sérieux: le corps de Soult, repoussé de la forêt, pouvait être détruit avant que St-Cyr pût lui être du moindre secours. Les autres divisions, à suivre le chemin le plus court, se trouvaient à plus de 2 lieues de celle de Soult; la réserve de cavalerie pouvait seule dégager les troupes obligées de se replier devant des forces supérieures. Jourdan ordonna alors au général d'Hautpoul de réunir sa cavalerie et celle du corps de Soult, en tout 4,700 chevaux, de la mettre en position à la sortie de la forêt dite le *Graue-Wald*, près de la ferme de Neuhaus, et de charger l'ennemi dès qu'il déboucherait du bois. Les relations françaises ne disent pas si l'ordre de Jourdan fut, ou non, exécuté comme il devait l'être; une lettre de Jourdan aux ambassadeurs français près du congrès de Rastadt (1) dit que non. Suivant la relation de l'archiduc, la cavalerie française s'ébranla en effet pour charger; mais les 12 escadrons de cuirassiers qui avaient suivi le mouvement des grenadiers, s'étant vivement déployés sur la droite, fondirent sur la cavalerie française avec un succès si complet, qu'elle ne put se rasseoir que derrière Liptingen, sous la protection de son infanterie et de son artillerie. Les Autrichiens s'emparèrent d'une pièce de canon, et les trois bataillons détachés par St-Cyr furent enveloppés à Neuhaus et forcés, en majeure partie, de se rendre prisonniers.

Le général autrichien se contenta de ce résultat; quant au général français, il se hâta de rappeler St-Cyr à Sigmaringen, et demeura dans sa position tout le lendemain jusque vers le soir. Ensuite il se retira sur le Rhin à travers la Forêt Noire, sans être inquiété dans sa marche, observée seulement par des détachements autrichiens. Sur 100 escadrons présents à la bataille, 40 se trouvaient à l'avant-garde; 6 avaient été fort à propos détachés contre St-Cyr; 12 seulement remportèrent un avantage important; quant aux 40 autres, l'histoire garde le silence sur leur compte. Satisfaite d'avoir atteint le point stratégique de Stokach et repoussé dans cette position l'attaque d'un adversaire plus faible, l'armée autrichienne y resta près de deux mois dans l'inaction. L'archiduc était malade; le conseil aulique de guerre n'approuva point l'idée de franchir le Rhin et de pousser ses avantages. Jamais peut-être général ne fut blâmé plus mal à propos et avec moins de

(1) Posselt, Annales de 1799.

raison : il semblait que le conseil aulique craignît de voir son plan d'opérations dérangé par des victoires irrégulières !

Il faudrait déployer un grand luxe de raisonnements stratégiques pour démontrer que la conservation de Stokach, comme position militaire, pût faire un tort sérieux à l'ennemi ; en général, il ne serait pas moins difficile de prouver qu'une chose quelconque offre de grands avantages à l'un des deux adversaires, quand l'autre la traite avec l'indifférence que les Français montrèrent dans cette occasion, travaillant à augmenter leurs forces sur le Rhin et en Suisse, et se contentant de regarder de loin le camp des Autrichiens à Stokach, tant que ceux-ci n'en sortaient pas pour les troubler dans leurs opérations. Nous serions entraînés bien au-delà des limites que nous nous sommes fixées en commençant cet ouvrage, si nous voulions nous engager dans l'étude approfondie de toute cette guerre, et dans l'examen des principes qui faisaient chercher en Suisse, ou en Tyrol, dans les défilés du Haut-Danube, la clé du théâtre des opérations, et qui enfin donnèrent l'idée de faire marcher l'archiduc de la Suisse sur Manheim, pour appuyer l'expédition en Hollande, pendant qu'une lutte décisive se préparait sur le territoire helvétique. L'*Histoire de la Campagne de* 1799 s'exprime à cet égard avec une solidité de raisonnement et une franchise qui, sous tous les rapports, font le plus grand honneur à l'historien.

Jamais l'occupation et la conservation d'un point stratégique n'ont à elles seules décidé du sort d'une guerre, et

(1) Page 231 et 265 de la première partie.

il est à remarquer qu'à mesure qu'on attribue une importance plus décisive à l'élément topographique, les autres éléments décisifs de la stratégie sont mis en sous-ordre et négligés. En appliquant cette observation à la cavalerie, il est évident que cette arme devient précisément plus insignifiante et plus nulle que toute autre, lorsque les opérations ne se décident pas par la lutte proprement dite, par l'usage réel et l'effet des armes, et qu'on se contente, en cas d'avantage, de déloger l'ennemi de sa position, et en cas d'échec, de battre en retraite, sans avoir employé complètement et d'une manière positive, toutes les forces disponibles. Dans une canonnade, si inutile qu'elle soit, l'artillerie fait au moins quelque chose; dans un combat de tirailleurs, quelque maigre qu'en soit le résultat, les bataillons engagés font du moins usage de leurs forces, autant que les circonstances le permettent; ils s'efforcent au moins de vaincre l'ennemi ou de lui résister : ils sont occupés. La cavalerie, au contraire, partout où elle ne peut faire usage de l'arme blanche, au lieu d'avoir quelque chose à faire n'a qu'à souffrir : ou bien elle reste exposée au feu, inerte et passive, situation désagréable même aux plus braves et que l'espoir d'un moment favorable ou la conviction d'une nécesssité absolue peuvent seuls faire tolérer : ou bien, trop éloignée de ce qui se passe, elle n'en voit rien ou n'y peut guère prendre part. Ces deux situations finissent, l'une comme l'autre, par donner au cavalier la triste persuasion qu'il est sur son cheval pour ne rien faire, et lui font maudire un système qui paralyse son courage et ne lui demande que de la patience.

Dans les guerres dont l'Italie fut le théâtre au moyen-âge,, soutenues et décidées pour la plupart par les escadrons des condottieri, il s'était formé également, mais par d'autres motifs, un genre de tactique pour la cavalerie, qui n'avait pas non plus grand effet, et peut fournir le pendant de celle dont nous parlons. Les cavaliers, couverts de leurs armures, se battaient alors sans se faire grand mal, jusqu'à ce que l'un des deux partis vidât le terrain; la guerre était devenue un jeu de gladiateurs et les combattants eux-mêmes s'inquiétaient peu qu'elle fût décisive. En faisant ainsi la guerre comme un métier, les troupes avaient peu à souffrir; mais avec la stratégie passive qui se plaît à considérer la guerre comme un problème dont une science aride doit donner la solution, la meilleure armée s'use et périt peu-à-peu. Ces aberrations ne sont possibles que dans les temps de décadence.

Notre siècle a vu aussi naître un système de stratégie, enfanté par des tendances scientifiques exagérées, et accueilli par les contemporains avec des applaudissements inconsidérés. D'après cette nouvelle théorie on viderait les grandes querelles des empires et des peuples en arpentant le terrain de droite et de gauche selon les règles sur la base d'opérations et les lignes d'opérations, en tiraillant quelque peu, et même en faisant de simples démonstrations, sans avoir besoin de livrer des batailles ni de remporter des victoires. Le fameux Bülow, dans son *Esprit de la Stratégie moderne*, proclame, d'un ton prophétique, que désormais il n'y aurait plus de batailles livrées. Bien que cette prophétie eût été démentie même avant d'être écrite; bien que l'auteur lui-même déclare, dans un autre endroit, que nous ne saurions, avec tout notre art, y compris sans

(1) Page 280 et à la fin.

doute le sien, avec toutes nos places fortes et nos armées, résister à l'impétuosité d'un nouveau Tamerlan et de ses hordes; bien que souvent il soit forcé de reconnaître qu'aucune théorie ne peut tenir lieu de bravoure, on n'a pourtant que trop sacrifié à cette manière de voir qui aimerait à faire la guerre comme une partie d'échecs, où les pièces n'ont d'autres facultés et d'autre valeur que celles qu'on leur attribue selon les règles. Les succès mêmes des Français, qui réfutent cette idée d'une manière si éclatante, furent attribués à une nouvelle stratégie, et l'on prétendit que Carnot avait calculé à l'avance, dans son cabinet à Paris, ce que les armées victorieuses de la République ont exécuté sur les champs de bataille. Assurément c'est l'esprit qui régit le monde et donne la force aux armées; mais cet esprit n'est pas celui qui se réduit en règles et en systèmes et que le maître apprend à répéter à ses disciples. L'esprit vrai, l'esprit intelligent, qui manifeste par des actes sa puissante vitalité, cet esprit-là demande un corps vigoureux et sain : la stratégie, pour soutenir des guerres victorieuses, doit avoir à son service les forces d'une armée exercée, disciplinée, fidèle, dévouée et brave, capable de compenser le nombre par la qualité, la force matérielle par la puissance morale, et de l'emporter sur les calculs de la théorie par des exploits. Mais pour cela, il ne faut pas que la stratégie, dans un aveuglement singulier, néglige ce qui fait la force des armées, pour ne s'en tenir qu'à ce qui, dans bien des circonstances, n'en est que le côté faible. Le philosophisme qui a essayé de nos jours de faire passer dans l'art militaire ses élucubrations désordonnées, est aussi incapable de battre l'ennemi que le pédantisme rigide et inintelligent qu'on reprochait autrefois aux militaires. Ce pédantisme, qui tue l'esprit pour manipuler plus facilement le corps, et ce philosophisme qui proclame le culte de l'intelligence au mépris de toute réalité, se touchent de plus près qu'on ne voudrait l'avouer. L'un et l'autre conduisent à la ruine : car il est plus facile de nuire, de désorganiser, de détruire, que de servir, d'organiser et de créer.

A partir de la soirée du 25 mars, la cavalerie autrichienne ne fit plus rien de notable jusqu'à la fin de l'année 1799, sauf quelques petits engagements à l'entrée de l'armée en Suisse et à sa retraite, et quelques autres contre l'armée d'observation des Français sur le Moyen-Rhin. La belle armée autrichienne en Allemagne, entraînée par les considérations politiques, fit en général peu de chose, et la guerre de Suisse ne fut pas propre à fournir à la cavalerie de bonnes occasions.

II. En Italie.

La cavalerie ne joua qu'un rôle secondaire dans la campagne d'Italie, dont les opérations n'avaient guère d'autre objet que de couvrir des siéges ; aux batailles de Magnano, de la Trebbia, de Novi et de Genola, cette arme ne trouva aucun avantage ni dans la nature du terrain, ni dans les conditions spéciales où l'affaire se passait. Cependant la devise de Suwarow, « vivent le sabre et la baïonnette, » était trop favorable à la cavalerie pour qu'elle fût condamnée à l'inaction. A la bataille de Magnano, que Kray livra encore avant l'arrivée de Suwarow et de Mélas, le 5 avril, il y avait 20 escadrons autrichiens, répartis entre les 4 colonnes que l'armée formait en se portant au devant des Français. Des détachements, dont le plus fort fut de six escadrons, firent quelques attaques. Pendant que l'ennemi se retirait sur Mantoue, il eût été possible, plutôt que pendant la bataille même, de lui porter un coup décisif; mais la position du général Kray, qui attendait chaque jour l'arrivée de son supérieur, n'était pas de nature à l'engager à poursuivre sa victoire dans toutes ses conséquences.

Le 15 avril, Suwarow arriva avec 17,000 Russes, y compris 2,500 Cosaques, la seule cavalerie russe de ce corps. L'armée russe de Corsakow en Suisse avait seule quelques régiments de cavalerie régulière; mais, dans ce pays, ils ne trouvèrent pas une seule occasion de faire quelque chose de notable. On peut dire, en général, que toute cette armée, arrivée en partie des bords de l'Araxe, n'était venue si loin de sa patrie que pour essuyer sur les rives de la Limmat une défaite causée par l'inconséquence de son chef, qui ne dut qu'à la bravoure et à la fermeté de ses soldats de ne pas voir tout son corps détruit à Zurich.

Aussitôt après l'arrivée de Suwarow, l'armée alliée, forte alors de 52,600 hommes, dont 6 à 7000 de cavalerie, se mit en mouvement, arriva sans obstacle sur l'Adda, et vengea, par les combats de Cassano et de Lecco et par la capitulation de Serrurier à Verderio, la défaite qu'elle avait essuyée deux ans auparavant à Lodi, sur les rives du même fleuve. Le 29 avril, Suwarow fit son entrée à Milan. Moreau, qui avait succédé à Schérer dans le commandement de l'armée d'Italie, la ramena derrière le Tessin, prit position, dans les premiers jours de mai, à Alexandrie, mais se retira devant des forces trop supérieures, d'abord sur Turin et ensuite sur le territoire gênois. Pendant ce temps, l'armée austro-russe, que des renforts avaient portée à 98,000 hommes, bloquait les citadelles de Turin et de Tortone, ainsi que les places de Mantoue et d'Alexandrie, surveillait les défilés des Alpes, et s'était répandue dans toute la Haute-Italie, de telle sorte que, dans les premiers jours du mois de juin, les divisions des généraux Otto et Klenau, formant ensemble un total de 15,000 hommes répartis sur un espace de près de 40 lieues, depuis Bobbio sur la Haute-Trebbia jusqu'à Bologne, s'opposaient seules à la jonction de Moreau avec Macdonald qui, venant du royaume de Naples, était arrivé le 14 juin à Parme.

Macdonald était décidé à tenter une opération offensive dès son arrivée dans la Haute-Italie, et l'exécution de ce dessein, si Moreau, au lieu de faire une diversion insignifiante du côté de Tortone, l'eût secondé à la tête de toutes ses forces, aurait pu mettre les Alliés dans une situation très dangereuse, à cause de l'éparpillement de leurs troupes. Le corps poussé en avant sur la rive droite du Pô, pour couvrir le siége de Mantoue, ayant été battu par Macdonald à Mirandola, l'artillerie de siége avait été renvoyée à Vérone. Macdonald arriva le 16 à Plaisance, et vint camper le 17 entre Casaliggio et St-Imento, sur la route de Plaisance à San-Giovanni. Suwarow, de son côté, était parti de Turin avec 24 bataillons et 18 escadrons, à la nouvelle de la marche de Macdonald. En chemin, il rallia quelques autres troupes, et arriva le 17 en face de l'armée française, avec 35 bataillons, 30 escadrons et quelques poulks de Cosaques, en tout 26,000 hommes d'infanterie et 6,600 de cavalerie. L'armée de Macdonald comptait 34 à 35,000 combattants; la force de sa cavalerie n'est indiquée nulle part avec certitude; toutes les relations s'accordent seulement à dire qu'elle était moins nombreuse que celle des Autrichiens.

Le 17 juin, les troupes alliées se portèrent « avec beaucoup de précipitation et peu d'ordre, » comme dit le général Stutterheim, au-devant de l'avant-garde des Français, qui avait franchi le Tidone et marchait sur San-Giovanni. Après un combat très vif, les Français se retirèrent du côté de la Trebbia, avec une perte de 2,000 hommes; les Cosaques, exaltés par Suwarow, chargèrent l'infanterie franco-polonaise du général Dombrowski, et leur charge, au grand étonnement de tous les Russes, pour qui ce fut un spectacle tout nouveau, eut un succès complet : quelques bataillons furent presque entièrement sabrés. Immédiatement après cet avantage, les troupes légères autrichiennes reprirent une batterie de 8 pièces, dont un régiment de cavalerie français venait de s'emparer dans une attaque rapide. Séduit par ces succès, et oubliant de tenir compte des haies et des fossés dont le terrain était sillonné, Suwarow ordonna à 4 régiments de cavalerie autrichienne de poursuivre l'ennemi. Cette poursuite coûta bien du monde, sans avoir le moindre succès, car il arrivait à chaque instant qu'une moitié d'un escadron était couchée dans les fossés, pendant que l'autre était obligée de conduire les chevaux par la bride.

(1) Campagne d'Italie en 1799, jusqu'au départ des Russes.

Bataille de la Trebbia.

(18 et 19 juin.)

La bataille livrée sur la Trebbia eut pour théâtre un pays sillonné de fossés, coupé de murs et de haies, semé de maisons éparses et de plantations de tout genre, avec une multitude d'arbres chargés de ceps de vigne. Ces objets sont autant d'obstacles pour la vue qui ne saurait embrasser nulle part un espace étendu, et, en outre, ils opposent mille difficultés aux mouvements des troupes en corps nombreux, de sorte que le lit sablonneux de la Trebbia, presque à sec pendant la belle saison, était à peu près le seul terrain découvert et libre où l'on pût se battre. Cette journée peut servir à montrer ce que deviennent les combats que personne ne peut embrasser de la vue dans leur emsemble, et que personne, par conséquent, ne saurait conduire. La bravoure des troupes des deux partis n'y est point comprimée par des formes régulières et limitée par des barrières gênantes ; le général n'est plus que le chef dans l'acception primitive du mot, et sa voix se perd dans le tumulte du combat. Mais la bataille de la Trebbia offre aussi un exemple des services importants que la cavalerie peut rendre, même sur un terrain défavorable et dans un rôle secondaire, lorsque les circonstances ne lui permettent pas de jouer son rôle véritable. Ce n'est qu'à ce dernier point de vue que nous examinons la bataille.

Le 18 juin, à 10 heures du matin, l'armée alliée, marchant sur 3 colonnes, franchit le Tidone et s'avança vers la Trebbia. Après une lutte acharnée, les Français furent obligés d'abandonner la rive gauche du fleuve. La cavalerie autrichienne n'eut d'engagés que deux escadrons, qui, faisant partie de la colonne du centre, rencontrèrent à Grignano une division d'un millier de chevaux, la chargèrent et eurent le bonheur de la culbuter ; mais cette troupe se rallia derrière l'infanterie, et le soir le combat se termina sur les rives de la Trebbia, dont le lit séparait les deux armées. Le général russe Rosenberg qui, à la tête de la division de droite, avait le premier repoussé l'ennemi au-delà du fleuve, s'était avancé vers le soir sur la rive droite, et avait pénétré jusqu'à Settimo; il se trouvait donc placé sur le flanc gauche de l'ennemi, et pouvait, de ce côté, faire une attaque décisive, qui eût dispensé les Alliés de l'attaque sanglante et pénible faite le lendemain contre le front de l'armée ennemie dans le lit du fleuve. Mais Rosenberg, arrivé à Settimo dans l'obscurité de la nuit, ne sachant guère lui-même, au milieu de ce pays inconnu, dans quel lieu il se trouvait, ne communiquant plus avec l'armée, et ne recevant aucune nouvelle de ce qui s'y passait, repassa la Trebbia pendant la nuit. Si la cavalerie eût pu faire quelque chose de sérieux à cette bataille, c'était sans doute en attaquant du côté de Settimo et en prenant l'ennemi à revers. Dans la soirée, comme il était déjà tard et que le feu avait entièrement cessé, il y eut encore un combat très vif, 3 bataillons français s'étant avancés dans le lit du fleuve par la route de Plaisance. Reçues par un violent feu d'artillerie, ces troupes se replient aussitôt; les bataillons russes et autrichiens les plus voisins de ce point les poursuivent, et les Français poussent en avant quelques nouveaux bataillons pour recevoir les premiers. On appelle à grands cris la cavalerie : d'une part accourent des dragons autrichiens et des Cosaques, de l'autre des chasseurs français, et il s'engage une mêlée confuse qui dura jusqu'à 11 heures, où les chefs des deux partis réussirent enfin à mettre un terme à cette inutile batterie.

Le lendemain matin à 10 heures, après qu'on eut remis en ordre et laissé reposer un peu les troupes, l'attaque recommença. Suwarow, craignant, à cause d'un mouvement de l'ennemi sur Noviano, de voir tourner sa droite, la fit s'étendre sur la droite, et ordonna au général Mélas, qui commandait la gauche, de détacher à droite, sous le prince de Lichtenstein, quelques bataillons de grenadiers et le régiment Lobkowitz-dragons, pour se lier aux Russes. Avec le reste de ses troupes il devait se porter en avant, l'attaque devant être renouvelée sur toute la ligne. Macdonald, qui n'avait pas encore renoncé à l'espoir de se voir secouru par l'armée de Moreau, et qui comptait d'abord sur la coopération de la division Lapoype qui était à Bobbio (1), résolut également d'attaquer. D'abord il fit passer la Trebbia à son aile gauche; mais elle fut obligée après un engagement très vif de regagner l'autre rive. Cette première tentative ayant échoué, Macdonald réunit à l'aile droite l'élite de ses troupes pour y tenter un dernier effort. Toute sa cavalerie se porta en masse, par la route de Plaisance, sur San-Nicolo; l'infanterie la suivit le plus vite possible, et en même temps une colonne de 5 bataillons et 600 cavaliers franchit la Trebbia à son embouchure et marcha contre l'aile gauche de l'ennemi.

L'attaque de la cavalerie française eut lieu au moment

(1) Cette division se mit effectivement en marche, mais elle fut arrêtée par un détachement de 2,000 Russes.

même où le prince Lichtenstein venait de se mettre en marche avec la brigade de grenadiers et le régiment Lobkowitz, pour se joindre aux Russes; les Français ne trouvèrent donc devant eux que de faibles postes qu'ils culbutèrent sans peine, et pénétrant jusqu'à San-Nicolo, ils y enlevèrent 2 bouches à feu. Heureusement le prince n'était encore qu'à quelques milliers de pas; faisant aussitôt rétrograder ses troupes, il mit les dragons en bataille et chargea la cavalerie ennemie en queue, pendant que les grenadiers se hâtaient de redescendre le fleuve pour appuyer cette attaque. La cavalerie française, surprise de cette brusque attaque, se jeta en désordre sur son infanterie; un régiment d'infanterie légère se dispersa; les grenadiers autrichiens se portèrent à leur tour en avant, et les Français se retirèrent en désordre de l'autre côté de la Trebbia. Cette attaque une fois repoussée, les Autrichiens eurent plus de liberté pour agir contre la colonne qui venait de l'aile droite des Français par l'embouchure de la Trebbia. Le régiment archiduc Joseph-hussards chargea cette colonne, la mit en fuite et fit 300 prisonniers; mais là aussi le terrain était trop défavorable et l'espace trop restreint pour qu'il fût possible de pousser la poursuite assez vigoureusement et assez loin. La bataille finit le soir, dans la même situation où elle avait commencé le matin. Mais l'armée française avait essuyé des pertes si considérables, qu'elle était hors d'état de faire une plus longue résistance. Sans secours ni nouvelles de Moreau, menacé sur ses derrières par les corps autrichiens des généraux Klenau et Hohenzollern, épuisé par trois jours d'une lutte sanglante qui lui avait coûté plus de la moitié de son monde, privé de son artillerie presque entièrement hors de service, et de ses généraux presque tous blessés, Macdonald commença le 26 sa retraite sur Pistoie. La bataille et la retraite coûtèrent à son armée 16 à 17,000 hommes, dont plus de 12,000 prisonniers. Les Alliés avaient perdu 5 à 6,000 hommes.

La conduite de Macdonald dans cette circonstance, bien que le succès n'ait point couronné ses efforts, lui donne droit à la reconnaissance de sa patrie et à l'estime du monde entier, et peut offrir un illustre exemple à l'émulation de tous les hommes de guerre. Après avoir pris son parti en homme de cœur et de tête, il exécuta sa résolution avec une habileté et avec une persévérance qui auraient probablement été couronnées d'un meilleur succès s'il n'eût été aussi complétement abandonné à ses propres ressources. Cependant son attaque de cavalerie peut servir à démontrer que cette arme, employée dans des circonstances où elle ne peut vaincre, n'est souvent que nuisible; si les Français n'avaient porté en avant que peu ou point de cavalerie, l'attaque de leur infanterie se serait peut-être exécutée avec succès, tandis que la fuite de leur cavalerie favorisa bien certainement l'attaque de la cavalerie ennemie. Cette observation, bien entendu, ne s'applique qu'aux cas où des obstacles positifs et très réels mettent la cavalerie dans l'impossibilité d'agir avec liberté, comme il arriva sans contredit dans ce pays si remarquable par la configuration toute spéciale du terrain : nous n'entendons nullement approuver ceux qui abusent du prétexte si connu des difficultés du terrain pour excuser toutes les fautes, et notamment les péchés d'omission des chefs de cavalerie. L'attaque de la cavalerie française ressemble à une faute de précipitation. Quant à Suwarow, il ignorait complètement le terrain sur lequel il se battait, et n'avait point d'ailleurs l'habitude d'avoir égard à la configuration particulière du théâtre de ses opérations, comme l'ont clairement prouvé ses manœuvres en Suisse. Ses victoires en Turquie et en Pologne, où il s'était accoutumé à mépriser les difficultés de terrain et même les obstacles produits par l'art des fortifications, l'avaient conduit à ne tenir aucun compte de cette branche importante de la stratégie et de la tactique, où d'autres ont, au contraire, cru découvrir le secret de l'art de vaincre. Une histoire complète et sincère de la vie de cet homme célèbre, une peinture exacte de son caractère, une relation sérieuse et raisonnée de ses campagnes seraient aussi intéressantes qu'instructives (1).

Bataille de Novi.

(15 août.)

Les débris de l'armée de Macdonald s'étant joints à l'armée de Moreau, et de nombreux renforts ayant été en-

(1) Les biographies de Suwarow sont insignifiantes quant à ses campagnes, et ne contiennent à cet égard que des notions fragmentaires et peu sûres; l'*Histoire des guerres de Suwarow*, par Anthing, s'arrête à ses campagnes de Pologne; l'article du Journal militaire autrichien de 1818 est ce qu'il y a de mieux sur sa campagne d'Italie: nous ne savons s'il existe des ouvrages russes sur Suwarow. Les *Mémoires secrets de la Russie* contiennent quelques renseignements sur sa vie; mais ils ne valent pas la peine qu'on lise trois volumes de bavardages. Un livre publié sous le titre de: « *Tableau de la guerre d'Italie, par l'auteur de Rinaldo Rinaldini*, » n'est, comme on peut le penser en voyant ces mots, qu'un ramassis ridicule de faits et de situations imaginaires et absurdes.

voyés de France en Italie, où Joubert avait pris le commandement, les Français, au nombre de 45,000 hommes, y compris 2,000 cavaliers, la plupart très mal montés, franchirent les Apennins, descendirent dans les vallées de l'Orba et de la Bormida, et atteignirent Novi le 15 août. Suwarow avait, dit-on, l'intention de laisser les Français descendre dans la plaine, pour les attaquer alors sur un terrain qui lui permît de tirer parti de sa supériorité en cavalerie. Cependant il changea de plan, et attaqua le 15 la forte position de Novi.

Sans nous arrêter à ce plan, nous laisserons à d'autres le soin d'en discuter le fort et le faible, nous contentant de rappeler ici un fait historiquement établi, à savoir que sur plus de 100,000 combattants, placés alors sous le commandement de Suwarow, 36,600 hommes d'infanterie et 8,370 de cavalerie prirent seuls part à la bataille.

L'armée française occupait avec la droite le Monte-Rotondo, en avant du château-fort de Serravalle, où se trouvaient 4 compagnies de troupes autrichiennes; des détachements, poussés en avant de cette aile, sur la rive droite de la Scrivia, bloquaient Serravalle; le centre tenait Novi et le terrain avoisinant; sur les hauteurs, qui tombent sur la plaine en escarpements rapides, la gauche s'étendait jusque vers Pasturana, d'où un ruisseau, coulant à l'Ouest, va se jeter dans la vallée de l'Orba. L'armée de Suwarow était partagée en 3 corps : celui de l'aile droite, sous les ordres de Kray, comptait 30 bataillons et 20 escadrons (16,000 hommes d'infanterie et 1,800 chevaux); le centre, sous le général Derfelden, se composait de 10,000 hommes d'infanterie russe et de 2,800 chevaux; l'aile gauche, sous Mélas, était de 13 bataillons et 34 escadrons (10,400 hommes d'infanterie et 3,700 chevaux). Le plan de bataille portait que Kray attaquerait le matin l'aile gauche des Français à Pasturana, pendant que les Russes occuperaient leur centre et Mélas leur droite. Ces dispositions si simples, et très convenables sans contredit quant à l'idée principale, ne furent pas exécutées avec ensemble. Kray seul attaqua au point du jour, et replia l'aile gauche de l'ennemi (Joubert y fut tué et Moreau prit le commandement de l'armée). Mais les Français, pouvant en toute liberté secourir le point attaqué, puisque le reste de leur armée n'était point inquiété, forcèrent les Autrichiens de renoncer à l'attaque. Ce ne fut qu'à 9 heures que les Russes commencèrent à attaquer Novi, d'où ils furent repoussés après une lutte meurtrière. Kray, pendant ce temps, était revenu une seconde fois sur l'aile gauche des Français, les avait repoussés comme la première fois, et s'était encore vu obligé de se replier à cause de l'insuccès de l'attaque des Russes. Cette retraite fournit à la cavalerie une occasion de donner : Kray, serré de près par l'ennemi, réunit à Pasturana ses 20 escadrons, fit déployer sous leur protection quelques batteries, et rallia son infanterie. Six escadrons se précipitèrent sur les bataillons ennemis les plus avancés et les firent reculer. Ce fut l'exploit le plus important de la cavalerie dans cette journée, et le service qu'elle rendit en cette circonstance était certainement d'une portée sérieuse, car la défaite du corps de Kray eût entraîné la perte de la bataille. Vers midi, l'aile gauche des Alliés s'ébranla enfin; le centre renouvela son attaque, qui fut une seconde fois repoussée. Mais Mélas gravit le Monte-Rotondo sans éprouver de résistance sérieuse, et repoussa la droite des Français, pendant que Kray attaquait pour la troisième fois leur gauche. Enfin, à l'entrée de la nuit, la position entière était emportée. Les Russes pénétrèrent dans Novi et las Français se retirèrent sur Gavi.

L'armée française perdit 9,000 hommes environ, 22 pièces de canon et 4 drapeaux. Les Alliés, de leur côté, eurent plus de 8,000 hommes hors de combat. La victoire de Novi eût pu décider du sort de la campagne, si l'on avait poursuivi les Français sur le territoire de Gênes. Mais en changeant le plan d'opérations pour diriger les Russes sur la Suisse et l'armée de l'archiduc Charles sur Manheim, on abandonna la proie pour l'ombre, laissant échapper un résultat certain et un succès important, pour courir après des choses secondaires.

La campagne d'Italie se termina par la bataille de Genola ou de Fossano et par la prise de Coni, que nous passons sous silence, parce qu'elles n'offrent rien de remarquable qui se rapporte à notre sujet.

Campagne de 1800.

1. En Allemagne.

Un aperçu rapide de l'état des choses, au printemps de l'année 1800, suffit pour faire comprendre à quel point la situation, en comparaison de celle de 1799, était changée au désavantage des Alliés et au profit de la France.

Par la retraite des Russes, la coalition avait perdu un

membre puissant. Les renforts dont avait été augmentée l'armée autrichienne, étaient loin de suffire pour suppléer aux forces qu'elle avait perdues par le départ de ses alliés. Toutefois, même sans ces derniers, les Autrichiens auraient encore pu tenir tête aux Français, comme ils l'avaient fait si glorieusement en 1796, sous la conduite de l'archiduc Charles, et ils auraient pu concevoir des espérances d'autant plus fondées, que la campagne précédente, malgré le peu de parti qu'on avait su tirer des victoires remportées, n'en avait pas moins détruit une partie du prestige d'*invincibilité* qui jusqu'alors avait entouré les armées républicaines. Mais une perte plus grande, plus décisive et plus irréparable que la réduction du nombre des combattants, ce fut la retraite de l'archiduc Charles qui, se démettant du commandement de l'armée, emporta la confiance et l'espoir avec l'amour et la vénération des soldats. Ce serait juger avec trop de sévérité son successeur au commandement, que de lui attribuer les malheurs de la campagne de 1808 ; mais, sans songer le moins du monde à lui faire ce reproche, on peut prétendre que la retraite de l'archiduc Charles dans ce moment si grave fut un coup irréparable pour l'armée autrichienne.

Du côté des Français, les choses n'avaient pas moins changé de face. Bonaparte, absorbé l'année précédente par son aventureuse expédition d'Egypte, l'avait abandonnée et était revenu en France. Là, renversant à la fois l'impuissante autorité du Directoire et la constitution de 1795, il avait dompté l'anarchie intérieure et tenait alors dans ses puissantes mains, en véritable maître de la République et sous le nom de premier consul, toutes les forces de l'armée et toutes les ressources du pays. Profitant de l'énergie que donne l'unité propre au gouvernement monarchique, il triompha des monarchies qui, rassemblées en une coalition dont les membres délibéraient, conseillaient et ne s'accordaient point, faisaient passer la divergence funeste de leurs idées jusque dans les rangs de leurs armées, où pourtant il n'eût pas été impossible d'échapper à ce grave inconvénient.

Depuis 1793, les forces françaises destinées à combattre en Allemagne avaient toujours été partagées en plusieurs armées, indépendantes les unes des autres et opérant séparément. Bonaparte réunit les armées du Rhin et de la Suisse en une seule sous le commandement de Moreau, en porta la force à 100,000 hommes environ (1) et chargea provisoirement ce général de chasser les Autrichiens de la Souabe. Pendant ce temps, le premier consul formait aux environs de Dijon une armée dite de réserve, qui devait opérer en Italie après avoir traversé les Alpes, et y être renforcée par un corps de 18,000 hommes détachés de l'armée de Moreau à travers la Suisse, dès que le but immédiat de la campagne d'Allemagne serait atteint par une défaite des Autrichiens.

Quelque intéressante et instructive que soit l'histoire de cette campagne au point de vue stratégique, elle ne nous offre qu'une faible récolte de faits, tels que nous les recherchons ici dans un but spécial. D'une part, on manque

(1) Dans les mémoires de Napoléon, tom 1er, p. 127, la force de l'armée du Rhin est évaluée à 150,000 hommes. Mathieu Dumas compte 93 bataillons et 30 régiments de cavalerie, non compris probablement les corps détachés. Une autre donnée fixe l'effectif de l'armée au chiffre de 103,721 hommes.

du côté des Autrichiens, de relations détaillées et dignes de foi ; de l'autre, les documents français, en tant qu'il nous a été donné de les connaître, ne sont nullement propres à faire voir clairement le détail des combats : on y parle beaucoup de la bravoure des troupes, lorsqu'il faudrait parler des dispositions prises, et l'on y vante souvent le génie du général, lorsque le lecteur aimerait à trouver des renseignements sur la force et l'ordre de bataille des deux partis. Ajoutons que ces relations exagèrent en général la force de l'ennemi et l'importance des résultats.

Si l'on considère dans son ensemble toute la lutte de l'Autriche contre la France, depuis 1792 jusqu'en 1801, on peut comparer la campagne de 1800 à ce moment décisif qui arrive dans toute lutte longue et acharnée, moment où les forces de l'un des deux partis sont épuisées, où la balance de la victoire, longtemps maintenue dans un état d'oscillation incertaine, perd enfin l'équilibre et s'abaisse d'un côté, et où le vainqueur récolte tout le fruit de ses efforts et fait sentir au vaincu, dans toute son étendue, le poids accablant de la défaite. Le coup décisif fut porté en Italie. En Allemagne, les Français eurent tout d'abord et sans peine une supériorité signalée, et on ne fit rien pour la leur faire perdre.

La totalité des forces autrichiennes en Allemagne, au printemps de l'an 1800, s'élevait à 149 bataillons et 191 escadrons, en tout 114,000 hommes d'infanterie et environ 25,000 de cavalerie, y compris 46 battaillons et 17 escadrons de contingents de l'Empire. Cette armée était distribuée comme il suit : 6 battaillons et 11 escadrons formaient l'extrême droite sur le Mein (général Albini) ; 15 battaillons et 15 escadrons étaient sur le Bas-Neckar (général Starray);

26 bataillons et 12 escadrons étaient en Tyrol (prince Reuss); 16 bataillons et 5 escadrons formaient les garnisons de Philippsbourg, d'Ulm, d'Ingolstadt, de Würzbourg, de Kufstein, d'Eger et de Braunau. Restaient donc 86 bataillons et 148 escadrons (80,000 hommes dont 18 à 20 mille de cavalerie) qui formaient l'armée principale sous le commandement de Kray, et se trouvaient du côté de Stokach, de Villingen, et de Donau-Eschingen, où était le quartier général. Leurs troupes avancées observaient le Rhin, de Schaffhouse à Bâle, et les défilés de la Forêt-Noire, en s'étendant jusque vers Kehl.

Dans les derniers jours d'avril et les premiers de mai, l'armée française passa le Rhin à Kehl, à Brisack, à Bâle, à Stein et à Schaffhouse. En vain des corps autrichiens essayèrent, le 3 mai, d'arrêter à Engen et à Stokach le gros de l'armée française; le 4, pendant la nuit, Kray se porta avec son corps principal sur Mœskirch, y livra le 5 un combat sanglant et sans résultat, et se dirigea le 6 sur Sigmaringen, d'où la retraite continua à marches forcées jusqu'à Ulm, après quelques engagements d'arrière-garde aux environs de Biberach et de Memmingen. L'armée, épuisée et désorganisée par les marches forcées et par le mauvais état des subsistances, arriva à Ulm le 10 mai, après avoir perdu en 15 jours 12,000 hommes et de grands approvisionnements de tout genre.

D'après l'idée conçue par Bonaparte, l'armée du Rhin aurait dû, à l'ouverture de la campagne, franchir le Rhin à Schaffhouse, tomber avec toutes ses forces sur la gauche des Autrichiens et la repousser, s'emparer de leurs communications sur la rive droite du Danube avec le Lech et le Tyrol, et les couper par conséquent de leur patrie, de manière qu'en cas de revers ils n'eussent eu d'autre ressource qu'une retraite pénible du côté de la Bohême, tandis que la même manœuvre eût assuré la ligne d'opérations des Français du côté du Rhin et de la Suisse et leurs communications avec l'Italie. En refoulant les Autrichiens sur Ulm, Moreau n'avait atteint ce but qu'en partie; en étendant son armée depuis le voisinage d'Ulm jusqu'à Augsbourg, il perdait l'avantage qu'il pouvait tirer de sa supériorité numérique. Mais les Autrichiens n'en profitèrent que pour livrer quelques combats insignifiants où ils ne trouvèrent qu'un avantage faible et éphémère. Le plus brillant de ces engagements, pour la cavalerie, fut celui de Schwabmünchen : 12 escadrons commandés par le général Meerveldt y attaquèrent l'arrière-garde du général Lecourbe, qui se retirait d'Ausbourg, et la chargèrent avec un tel succès, que des 2,000 hommes dont elle se composait il y en eut à peine 500 qui purent se sauver à Türkheim, derrière la Wertach (1).

La cavalerie autrichienne, quoique plus nombreuse que celle de l'ennemi, ne se montra dans toutes les affaires de cette campagne qu'en divisions proportionnellement faibles; en général, sa puissance était brisée, et il eût fallu une restauration intégrale pour lui permettre désormais de remporter des victoires décisives. La cavalerie française prit part à plusieurs affaires, dont la plus importante fut celle de Hochstedt, où, chose inouïe jusqu'alors, elle culbuta la cavalerie autrichienne et lui fit vider le terrain (2).

(1) Voyez Mathieu Dumas, Précis des évènements militaires, tom. IV, p. 37.

(2) Voir le même, tom. IV. p. 54.

Combat de Hochstedt.

(19 juin).

Après avoir laissé Kray se maintenir pendant près de six semaines dans le voisinage d'Ulm, Moreau se décida enfin vers le milieu de juin, à reprendre sérieusement ses opérations. Le 15 juin, les détachements autrichiens, qui jusqu'alors étaient restés sur la rive droite du Danube, furent refoulés sur la rive gauche; 15 bataillons et 8 escadrons, formant un total de 9,000 hommes environ, dont 900 à cheval, étaient répartis, le 19 juin au matin, depuis Günzbourg jusqu'à Donauwerth, le long du Danube; à Gundelfingen se trouvaient 12 escadrons de cuirassiers et une brigade d'infanterie; ces troupes, destinées à soutenir les 9,000 hommes postés le long du fleuve, avaient été envoyées d'Ulm le 18, après que, chose inconcevable, on eût fait marcher plusieurs divisions de troupes de Günzbourg à Ulm, le 15 juin, malgré les mouvements de l'ennemi qui annonçaient évidemment qu'il méditait une attaque et se proposait de franchir le Danube au-dessous d'Ulm.

Le 19, au point du jour, 80 hommes passèrent le Danube à la nage près de Gremheim, au-dessous de Hochstedt, suivis de deux nacelles chargées de leurs vêtements et de leurs armes, et tombèrent à l'improviste sur le poste autrichien de la rive gauche. Le pont de Blindheim fut promptement rétabli, et une vive canonnade protégea le passage, qui fut effectué en très-peu de temps par quelques bataillons, 2 escadrons de carabiniers et un détachement de hussards. Le général Lecourbe, qui dirigeait l'opération, fit immédiatement occuper les villages de Blindheim et de Gremheim, et poussa un détachement jusqu'à Schwenningen, sur la route de Donauwerth, pour y arrêter les Autrichiens pendant que son corps déboucherait. Un combat très-vif s'engagea dans ce village, et Lecourbe y conduisit la cavalerie qui se trouvait déjà sur la rive gauche; vers midi, les Autrichiens abandonnèrent le village : une charge de cavalerie acheva de les culbuter; 2 bataillons autrichiens et 1 bataillon wurtembergeois furent presque tout entiers faits prisonniers. Tandis qu'une partie du cordon autrichien était ainsi rejetée sur Donauwerth, l'autre, sous les ordres du comte Starray, arrêta les Français jusqu'à midi, entre Blindheim et Hochstedt. Ceux-ci, cependant, faisaient passer sans cesse de nouvelles troupes, de sorte qu'il y avait déjà sur la rive gauche 2 divisions d'infanterie et 3 régiments de cavalerie. Lecourbe, revenant de Schwenningen, les conduisit contre l'ennemi. Les Autrichiens, vivement pressés, se retirèrent sur Dillingin, où ils furent reçus par un poste d'appui de quelques bataillons; la cavalerie française ayant franchi près d'Altheim le ruisseau de l'Eggebach, le faible corps autrichien se vit menacé d'une attaque en flanc et à revers, qui aurait pu le couper de la Brenz, et par conséquent de l'armée principale, l'acculer au Danube et causer sa destruction totale; il continua donc sa retraite sur Gundelfingen, et fut assez heureux pour gagner ce point, quoique avec des pertes assez considérables.

S'il était vrai, comme le dit Mathieu Dumas, que les Autrichiens eussent sur le terrain la plus grande partie de leur cavalerie et toute leur artillerie légère, ou même seulement une cavalerie égale en force à celle des Français, cette journée serait une tache honteuse imprimée à la vieille renommée de ce corps ; mais nous ne pensons pas qu'il en ait été ainsi. D'abord il est dit expressément dans la relation d'un témoin de ces évènements (1) que Kray avait détaché sur Gundelfingen une brigade d'infanterie et 12 escadrons ; ensuite Dumas, en racontant cette affaire, dit en parlant de la cavalerie : « *sous les ordres du général Klinglin* ». et ces mots semblent indiquer que les Français prirent la brigade de ce général pour la majeure partie de la cavalerie autrichienne. On ne peut guère révoquer en doute la grande supériorité numérique des Français.

Tandis qu'on se battait sur ces différents points, les ponts de Dillingen et de Lauingen avaient été rétablis ; et vers le soir, Moreau avait à Gundelfingen quatre divisions d'infanterie, la cavalerie de l'avant-garde (corps de Lecourbe) et toute sa cavalerie de réserve. La cavalerie autrichienne (2,000 chevaux au plus), qui aurait été si utile quelques heures plus tôt à Hochstedt, fut défaite, après un vif combat, par celle des Français, deux fois aussi forte. Le soir, le gros de l'armée française se trouvait entre Hochstedt et Gundelfingen ; un corps, détaché de l'aile droite, occupait Donauwerth, la gauche était devant Ulm. Dans ce moment on eût pu encore, en débouchant par les vallées de la Brenz et de l'Egge, attaquer avec toutes les forces réunies l'armée française sur le Danube, ou bien, débouchant d'Ulm, culbuter les divisions Ney et

(1) Notes sur la campagne des armées allemandes et françaises en Allemagne dans l'année 1800, rédigées par un officier des troupes alliées, dans le cours de la campagne. Voy. p. 64, etc.

Richepanse qui étaient restées sur la rive droite, et se rouvrir ainsi la route d'Augsbourg. Kray ne fit ni l'un ni l'autre; il préféra tourner autour des Français en décrivant un vaste circuit, et faire passer son armée par des marches pénibles d'Ulm à Nœrdlingen, puis par Monheim à Neubourg, afin de regagner la rive droite du Danube et ses communications avec l'Autriche.

Bien que nous manquions de relations assez certaines pour embrasser clairement les détails tactiques de cette journée, elle nous offre cependant une occasion d'examiner l'emploi de la cavalerie tel qu'il eût pu être dans les circonstances que nous avons succinctement rapportées. S'il entrait dans les vues du général Kray de se battre à Ulm, d'y attendre l'attaque de l'ennemi ou d'entreprendre lui-même une manœuvre offensive, il a eu raison de concentrer sur ce point la masse de sa cavalerie. S'il se proposait au contraire de quitter sa position près d'Ulm dans le cas où l'ennemi couperait sa ligne de retraite vers l'Autriche à travers la Bavière, la cavalerie entassée à Ulm y était complètement inutile, et l'on eût pu, au lieu de cela, s'en servir avec succès pour assurer les communications avec l'Autriche. Elle pouvait observer l'ennemi sur la rive droite, et défendre la rive gauche lorsqu'il tenta le passage; mais pour cela il n'aurait pas fallu la disperser, depuis Günzbourg jusqu'à Donauwerth, en une chaîne de postes faibles et impuissants dont chacun aurait eu pour mission de défendre le point qu'il occupait; elle eût dû au contraire se borner à observer cette ligne, et s'opposer au débouché de l'ennemi par des attaques vigoureuses dès que le véritable point de passage était reconnu. Si, le 19 juin au matin, il y avait eu devant

Blindheim un corps de cavalerie d'une force convenable et soutenu par un peu d'artillerie ; si, en outre, l'infanterie si malencontreusement et si inutilement éparpillée le long du Danube, où elle n'était que compromise, avait été employée à la défense de Dillingen et de Lauingen, comme le détachement du comte Giulay défendit Günzbourg, il eût été presque impossible, même dans l'hypothèse la plus favorable, de faire traverser le fleuve dans la même journée à toutes les forces françaises destinées à passer sur la rive gauche. Les Français, sans équipage de pont, étaient forcés de s'en tenir aux points où il existait des ponts tout établis ; ils pouvaient réparer ces ponts là où ils étaient rompus, mais non en construire de nouveaux. De cette manière ils perdaient une journée que gagnait l'armée principale des Autrichiens, et si celle-ci tirait un parti convenable de ce délai, les choses pouvaient tourner, le 20, tout autrement qu'elles le firent par suite des fausses mesures qu'on avait adoptées.

Pendant la retraite des Autrichiens sur Nœrdlingen, Neubourg et l'Isar, quelques corps soutinrent des engagements partiels ; mais ces actions isolées se perdaient au milieu de l'épuisement qui gagnait de jour en jour tous les rangs de l'armée et ne laissaient plus échapper que par intervalles quelques étincelles de vigueur offensive. Telle fut l'attaque de cavalerie exécutée à Neubourg contre la division Montrichard, dans laquelle un houlan tua d'un coup de lance le célèbre Latour-d'Auvergne, premier grenadier de France.

L'armistice de Parsdorf, conclu le 15 juillet, mit enfin un terme à cette retraite. Quand il fut dénoncé en hiver, on essaya de se tirer d'affaire par une manœuvre longue et compliquée qui se termina le 3 décembre par la défaite de Hohenlinden, à laquelle le général Richepanse contribua puissamment par sa bravoure et sa résolution. A notre point de vue, cette bataille n'offre rien de remarquable d'aucun côté: l'entreprise était douteuse; l'exécution de la manœuvre semble avoir une malheureuse analogie avec la bataille de Tourcoing plutôt qu'avec celle de Cannes, à laquelle on s'est plu à comparer cette journée. Les circonstances du reste étaient peu favorables; un temps horrible, des chemins affreux contribuèrent à grossir les pertes des vaincus. Les débris de l'armée autrichienne, complètement en déroute et presque entièrement détruite, s'enfuirent jusque dans leur patrie, et l'archiduc Charles reprit le commandement, non pas pour renouveler la lutte, car il était alors trop tard, mais pour la terminer par un armistice que suivit de près la paix de Lunéville.

L'historien qui entreprendrait de tracer un tableau complet de cette campagne, où il y a peu à raconter parce qu'il y eut peu de fait, serait plutôt appelé à examiner pourquoi on ne fit pas davantage. Ce serait dépasser le but de cet ouvrage que de nous livrer à l'examen de cette question, dussions-nous même y être engagés par une connaissance parfaite et circonstanciée de tous les détails. Nous nous contenterons de faire remarquer que la campagne, commencée sous de si fâcheux auspices, ne pouvait recevoir une solution favorable que des efforts redoublés d'une stratégie énergique et bien entendue, et qu'on ne pouvait espérer un résultat avantageux en se bornant à une défense passive.

La cavalerie française, plus faible que celle des Autrichiens, fit, en plusieurs rencontres, ce qu'elle put; et la cavalerie autrichienne, quoique placée dans les conditions les plus fâcheuses, conserva du moins de son ancienne supériorité de quoi ralentir les succès de l'ennemi. Mais là se borna son action, parce qu'il lui manquait la base de la tactique des troupes à cheval, le principe de l'offensive sans lequel la cavalerie ne compte que de bien rares victoires et des succès bien incomplets. Cependant, dans les circonstances même où l'on s'efforcerait en vain de démontrer qu'elle ait remporté de grands avantages, on peut affirmer du moins qu'elle a empêché de grands désastres; c'est ce qui arriva, par exemple, pendant que l'armée se retirait d'Ulm, marchant sous la protection de la cavalerie qui s'était postée sur la Brenz; pendant cette retraite l'armée eût pù être anéantie avant d'atteindre ou Ingolstadt ou Neubourg, si elle n'eût possédé une nombreuse cavalerie. Les campagnes plus récentes nous montrent plusieurs exemples analogues, où la cavalerie se montra utile d'une manière indirecte, et on pourrait dire négative, en empêchant des défaites au lieu de remporter des victoires. C'est là un fait incontestable; mais on se tromperait grandement si l'on en concluait que cette utilité négative est le seul but de cette arme, et si on voulait formuler en règles le résultat de ces expériences.

Nous terminerons ce premier livre en jetant un coup

d'œil sur la campagne d'Italie dont nous omettons les détails pour nous en tenir à quelques observations

II. En Italie.

Après la bataille de Novi, il n'eût dépendu que des Alliés d'expulser complètement les Français de l'Italie et de ruiner leur armée ébranlée par les défaites et épuisée par les privations de tout genre. Après la bataille de Genola et la prise de Coni, un autre moment favorable s'offrit; mais l'un et l'autre furent perdus. Les Français restèrent en possession de Gênes, et au printemps de l'année 1800, il fallut occuper pendant deux mois les deux tiers des forces impériales à vaincre la vaillante résistance de Masséna et à refouler Suchet de l'autre côté du Var. De cette manière l'armée de réserve, à la tête de laquelle Bonaparte franchit les Alpes vers la fin de mai, ne rencontra partout que de faibles détachements qui luttèrent en vain contre le nombre, malgré la bravoure dont les troupes firent preuve dans divers engagements. L'armée de Bonaparte, non compris le corps de Suchet et la garnison de Gênes, se montait à 60,000 combattants, dont environ 6,000 cavaliers (15 rég.). Bonaparte, pénétré de l'importance et de l'utilité d'une bonne cavalerie, combla la sienne d'éloges pour la manière dont elle s'était battue à Châtillon, à Ivrée et à Romano dans des affaires d'avant-garde; en passant en revue, à Chivasso, les troupes de l'avant-garde, il promit qu'à la première occasion la cavalerie serait réunie en un seul corps et porterait un grand coup pour abaisser la morgue de la cavalerie autrichienne. Cette campagne toutefois ne fournit pas l'occasion de réaliser ce projet; il eût été possible au contraire que la bataille de Marengo ranimât l'orgueil de la cavalerie autrichienne. Il fut réservé à Napoléon empereur d'acquitter la promesse faite par le premier consul, et d'assurer à la cavalerie sa part pleine et entière des lauriers de la grande armée; ceux qu'elle cueillit à Marengo, elle les dut moins aux dispositions du général qu'à sa bonne fortune et à la conduite de ses adversaires.

La célèbre bataille de Marengo prouve de la manière la plus frappante que ce n'est rien que de refouler une armée, tant que celle-ci conserve la force et le courage de faire un retour et de renouveler le combat, elle prouve aussi que cette modération, cette sobriété qui se contente d'une demi-victoire et qui remet à une autre fois ce qui pourtant est le véritable but de toute bataille, que cette sobriété, disons-nous, en face d'un ennemi brave et actif, livre une armée à tous les dangers que peut lui faire courir l'imprévoyance sans lui procurer les avantages de l'audace. Enfin Marengo démontre que la perte la plus irréparable est celle du moment décisif.

Sur le champ de bataille de Marengo, où, le 14 juin au matin, 24,000 Français, y compris 3,700 cavaliers, étaient opposés à 30,000 Autrichiens, dont 8,000 à cheval, il aurait encore été possible d'améliorer et même de changer complètement par une victoire la situation déjà très fâcheuse de l'armée autrichienne. En décidant l'attaque, le chef de cette armée prit donc une résolution également glorieuse et convenable. Après une vigoureuse résistance, les Français se replièrent vers midi sur San-Giulano; la bataille semblait gagnée, et le général autrichien considérait l'œuvre de la journée comme finie. La cavalerie autrichienne se trouvait presque tout entière à l'aile gauche, où un corps ennemi l'occupait sur le chemin de Sale, la cavalerie française était répartie entre les divisions d'infanterie ; le soir elle fut réunie derrière l'infanterie sous le commandement de Murat. Six bataillons de grenadiers autrichiens, qui déjà avaient essuyé des pertes considérables dans d'autres combats et ne formaient guère plus qu'un total de 2,000 hommes, suivaient la retraite de l'ennemi dans la direction de San-Giulano. Tout-à-coup Kellermann, à la tête de sa brigade d'environ 700 chevaux, fond brusquement sur les colonnes des grenadiers qui, attaqués de toutes parts et mis dans le plus grand désordre, sont tous faits prisonniers. Le corps du général Desaix, détaché fort mal-à-propos du côté de Rivalta sur une fausse nouvelle dont le général Zach s'était servi pour tromper Bonaparte, revint encore à temps pour recommencer la bataille. Épouvantés de la déroute rapide des grenadiers et de la promptitude avec laquelle le combat changeait de face, les Autrichiens se retirèrent en désordre. Une heure suffit pour leur faire perdre le fruit de toute une journée de travaux et d'efforts. La cavalerie qui eût été si bien à sa place en appuyant une heure plus tôt les grenadiers et en chargeant l'ennemi ébranlé, couvrit de son mieux la retraite : sous sa protection l'armée repassa la Bormida ; l'arrière-garde se maintint dans Pedrabona jusqu'à dix heures du soir. La perte des Français, dans cette journée à jamais mémorable, fut de 5 à 6,000 hommes ; celle des Autrichiens s'éleva à 9,000 hommes et 1,500 chevaux.

L'histoire a depuis longtemps fait justice des phrases

dictées par l'ivresse de la victoire aux auteurs des relations françaises. Elle a réduit à sa véritable valeur une assertion fréquemment répétée, d'après laquelle Bonaparte n'aurait exécuté le mouvement rétrograde sur San-Giulano que pour effectuer un changement de front en arrière. Mais ce qui fera toujours la gloire du premier consul dans cette bataille, c'est la constance et la glorieuse fermeté avec laquelle il sut remédier à des dispositions peu heureuses dans l'origine. Sa victoire peut être admirée comme un de ces succès où le bonheur et le talent, la faveur des circonstances extérieures et la supériorité intrinsèque du génie s'engrènent et se mêlent d'une manière si mystérieuse, qu'il est difficile de distinguer leur influence et de déterminer d'une manière précise la part qu'il convient d'attribuer à chacun de ces agents dans le succès.

Nous nous abstiendrons de répéter ici tous les raisonnements auxquels cette bataille a fourni matière. On s'est demandé si la situation de l'armée autrichienne était réellement assez désespérée pour justifier la convention d'Alexandrie, par laquelle on renonça aux fruits de toute la campagne, ou si l'opération de Bonaparte était tellement hasardée qu'elle ne pût réussir sans des chances extraordinairement heureuses? Nous pensons que ces deux questions ne pourront jamais être résolues par des raisonnements stratégiques; qu'il fallait, pour y répondre, une ou plusieurs batailles, et que celle de Marengo y répondit parfaitement. Toutes les combinaisons de la stratégie sont vaines sans le complément indispensable fourni par la tactique sur le champ de bataille, et ce complément fut précisément ce qui manqua aux Autrichiens qui laissèrent échapper une victoire à demi-décidée, tandis que Bonaparte, usant avec autant d'intelligence et d'énergie que de promptitude de l'occasion offerte par la négligence de son adversaire, sut mettre de son côté tous les avantages de la journée, regagner surabondamment, par une seconde bataille, ce que lui avait fait perdre la première, et atteindre pleinement son but stratégique.

A considérer l'état des choses le lendemain de la bataille, il est extrêmement probable que l'armée autrichienne eût été anéantie et l'Italie perdue. Si Mélas avait gagné la bataille, ce qu'il y avait de critique dans sa position aurait pu se changer en avantage; les Français qui l'avaient tourné et coupé eussent pu être eux-mêmes tournés, coupés et repoussés au-delà des Alpes avec des pertes considérables. Mais il n'est pas probable qu'on eût contraint Bonaparte à signer une convention comme celle d'Alexandrie, et certainement un revers n'eût pas été pour lui aussi écrasant que pour Mélas. Ce n'est là toutefois qu'une supposition dont aucun raisonnement stratégique ne peut faire une certitude.

La guerre contre la République, guerre si malheureuse dans ses résultats depuis les huit années qu'elle durait, avait fait naître et entretenu l'idée que toute résistance était inutile. Les généraux, quand ils se laissaient battre, s'imaginaient succomber sous une destinée fatale et inévitable; les armées perdirent la conscience de leur force. Les souverains avaient depuis longtemps abandonné l'idée de vaincre et d'abattre la Révolution; ne songeant plus qu'à terminer le combat à des conditions tolérables, ils avaient négligé, dès la première campagne, de mettre en œuvre ce qui fait la puissance des monarchies. Les proportions générales de la guerre se répétaient jusque dans les détails du moindre combat, et toute la campagne, depuis l'armistice jusqu'à la paix de Lunéville, ne fut qu'une résistance molle et timide de la faiblesse contre la force, et capable tout au plus de différer de quelques moments, mais non de détourner le résultat final dès longtemps préparé.

Il faut avouer pourtant que l'armée autrichienne d'Italie, au moment de la conclusion du traité, ne se trouvait pas dans un état aussi déplorable que celle d'Allemagne: favorisée par les conditions locales, elle n'avait plus du moins essuyé d'autre défaite depuis celle de Marengo, tandis que l'armée d'Allemagne avait été complètement dispersée et désorganisée par la déroute de Hohenlinden et la retraite qui la suivit.

La cavalerie, après avoir laissé échapper à Marengo une belle occasion de décider du sort de la campagne, n'en retrouva plus d'autre. Le théâtre de la guerre, entre le Mincio et l'Adige, entre l'Adige et le Tagliamento, entre les Alpes tyroliennes et carniques et la mer Adriatique était peu favorable à la cavalerie, comme l'est en général la plus grande partie de la haute Italie. Ce ne sont pas tant les montagnes que la multitude des cours d'eau, des fossés, des digues plantées d'arbres dont la plaine est sillonnée, qui rendent si difficile chaque mouvement de la cavalerie, et conséquemment l'emploi de cette arme; même avec de nombreuses troupes, il n'y a le plus souvent que quelques hommes qui puissent combattre, de sorte qu'en général les attaques servent à peu de chose en cas de succès et coûtent beaucoup de monde en cas de revers. Il est certainement des cas où une poignée de braves peut faire des actions importantes; mais raconter des exemples de ce genre, ce serait compiler des anecdotes intéressantes peut-être sous beaucoup de rapports, mais étrangères à notre but.

Pour ce qui concerne l'emploi de la cavalerie sur une grande échelle, les campagnes d'Italie, si instructives qu'elles soient sous d'autres rapports, offrent bien moins de faits remarquables que celles d'Allemagne : la cavalerie ne paraît nécessairement qu'en sous-ordre partout où l'espace lui manque pour se déployer. Il nous a donc paru convenable, pour le but spécial de cet ouvrage, de passer sous silence les campagnes de 92 à 95 en Italie, ainsi que la guerre de Naples en 98 et 99, et de ne jeter qu'un coup d'œil tout-à-fait sommaire sur celles de 1796 et de 1800, ne nous arrêtant que là où les deux partis cherchèrent à vaincre les difficultés du terrain, comme la bataille de la Trebbia en offre un exemple remarquable. A Marengo, l'espace était suffisant, mais il manquait autre chose.

De la campagne d'Égypte.

La guerre d'Egypte a fait voir que, même dans les plaines nues et découvertes du désert, la cavalerie des mamelouks, regardée par beaucoup de gens comme le type de toute cavalerie accomplie, ne put tenir contre une bonne infanterie. Cette milice bizarre n'a rien fait de remarquable dans sa lutte contre les Français, et n'est jamais arrivée à un succès quelconque qui méritât d'être mentionné. Les historiens français peignent avec les plus vives couleurs l'éclat et le nombre des bandes de mamelouks, l'impétuosité de leurs attaques et l'étendue de leurs pertes ; mais, lorsqu'on réfléchit sérieusement à l'organisation de cette milice telle que les Français la trouvèrent à leur arrivée en Égypte (1), le merveilleux de ces descriptions s'évanouit. L'absence complète de tout ordre, la séparation et les dissensions intérieures des tribus, la complète nullité de l'artillerie turque, l'impossibilité de défendre les villes, l'état d'hostilité où les mamelouks vivaient avec tout le pays, l'impuissance de bandes confuses qui tour à tour attaquaient dans un sauvage désordre, s'enfuyaient, se dispersaient et revenaient à la charge suivant l'occasion, cela conduit à penser que, si l'Égypte était une conquête impossible à conserver après la destruction de la flotte, elle n'avait pas du moins été difficile à faire, et que les expériences rapportées de cette singulière campagne sur une terre de prodiges, ont peu d'importance pour notre art militaire et notre stratégie.

Cependant les mémoires de Napoléon contiennent une observation intéressante sur la valeur relative des mamelouks et des cavaliers français. Deux mamelouks, y est-il dit, résistaient à 3 Français ; mais 100 Français luttaient très bien contre 100 mamelouks, 300 Français battaient ordinairement un nombre égal de mamelouks, et 1,000 cavaliers français combattant 1,500 mamelouks

(1) Voy. Volney, voyage en Syrie et en Égypte, en 1785 et 1786. La vérité de ses assertions fut constatée partout par les Français, notamment par le général Regnier ; il peignait l'état des choses en Égypte avec d'autant plus d'exactitude qu'il était loin de soupçonner que, 12 ans après, une armée française ferait la conquête de ce pays.

étaient assurés de la victoire. Cette progression de la supériorité d'une troupe rangée sur la bravoure individuelle d'hommes combattant sans ordre se retrouvera partout, et les batailles, qui décident du sort des guerres ne se gagnant point par des combats singuliers entre éclaireurs, si braves qu'ils soient d'ailleurs, mais par la coopération de corps disciplinés et bien commandés, il s'ensuit une conclusion naturelle et confirmée par les exemples historiques de tous les temps : c'est qu'on tombe dans une erreur déplorable en considérant une cavalerie sans organisation, sans ordre et sans discipline, comme une bonne barrière pour la défense d'un pays, et en négligeant pour cette illusion la chose la plus importante et la plus décisive dans tout organisme militaire.

LIVRE DEUXIÈME.

CAMPAGNES DE L'EMPIRE.

CHAPITRE PREMIER.

Campagne de 1805.

La campagne de 1805 est presque sans exemple dans l'histoire de l'Europe. Une forte armée qui dans les guerres précédentes avait su, sinon acquérir une gloire nouvelle en remportant d'éclatantes victoires, conserver du moins sa gloire ancienne en opposant à l'ennemi une vaillante et vigoureuse résistance, cette armée est subitement anéantie comme par un coup de baguette : le gros de ses forces, cerné par l'ennemi, lui est livré sans défense ; ses détachements sont détruits dans des engagements partiels, ou absorbés par des capitulations isolées : ses derniers débris sont chassés jusqu'au cœur du pays : en un mot l'armée autrichienne est si complétement détruite que, dans la seule bataille livrée dans le cours de cette campagne, elle ne joue que le rôle d'un faible corps auxiliaire à côté des Russes. Bulow, bien que ses considérations militaires et politiques sur cette guerre ne puissent être considérées ni comme un modèle, ni comme une autorité, caractérise du moins cette campagne d'une manière aussi exacte que complète, en disant qu'elle ne se composa que de deux actes principaux, une manœuvre à Ulm, et une bataille à Austerlitz; tout le reste ne fut qu'accessoire.

Envisagé sous un certain aspect, l'immense succès de la première partie de cette campagne semble venir à l'appui de cette stratégie qui veut récolter des lauriers par le seul effet de ses combinaisons et sans combat, et vaincre l'ennemi sans lui faire sentir le tranchant du sabre. Mais, d'un autre côté, ce même succès ne montre pas moins clairement le pitoyable résultat d'une guerre sans esprit guerrier, d'une soumission sans nécessité, d'une renonciation sans combat. Aucun raisonnement stratégique ne fera jamais comprendre la catastrophe d'Ulm, et c'est tout au plus si l'on peut trouver dans l'histoire de l'Europe aux siècles passés un précédent analogue. Si le prince Charles de Lorraine, après sa défaite près de Prague avait prêté l'oreille aux propositions de Frédéric, comme Mack à celles de Napoléon, sa faiblesse pourrait du moins s'expliquer; car il avait été réellement battu, et sa défaite l'avait placé dans une situation qui semblait autoriser les propositions de ce genre. Mais si Mack fut enfermé dans Ulm, il faut l'attribuer à son inconcevable aveuglement, et si, une fois enfermé, il se soumit honteusement, sans tenter le moindre moyen de salut, rien ne peut expliquer ce fatal découragement, si ce n'est une fatale croyance à une inflexible destinée. Cette croyance, qui paralysait le courage et les forces des adversaires de Napoléon, a souvent préparé ses victoires. Bien des gens, croyant qu'il était inutile de lutter contre l'irrésistible ascendant de l'homme du destin, oublièrent toute raison, jusqu'à s'imaginer qu'ils obéissaient aux lois de la sagesse, quand ils ne faisaient que sacrifier les lois de l'honneur et du devoir. C'était cette même idée, ou plutôt cette absorption de toute idée dans ce sentiment d'une impuissante faiblesse, qui précédait dans l'antiquité les aigles romaines. Les guerres de Rome en offrent plusieurs exemples, et nous voyons notamment les campagnes d'Asie former un contraste frappant avec ce qui se passa dans la Gaule et dans la Germanie : là, les empires tombèrent l'un après l'autre et au premier coup, indignes pour la plupart d'un effort sérieux : ici, il ne fallut rien moins que dix ans de luttes dirigées par le génie de César pour soumettre la Gaule appauvrie de défenseurs, et toute la supériorité de la discipline romaine suffisait à peine pour maintenir les légions en possession de quelques cantons de la Germanie. Sur le champ de bataille, l'ordre, l'expérience militaire et la tactique des Romains l'emportaient même sur la valeur des hordes germaniques ; mais les défaites de celles-ci ne purent briser leur patriotisme, et aucun des coups qu'on leur porta ne fut assez fort pour faire tomber l'armée et le pays aux pieds du vainqueur, comme un cadavre sans force et sans vie.

En 1805, il ne fallut pas même un grand coup pour produire cet incroyable état d'abattement : Napoléon eût pu renchérir encore sur le fameux *veni, vidi, vici* de César : car à peine fut-il arrivé que l'ennemi, sans même l'avoir aperçu, se déclara vaincu. Dans le premier étonnement où cette catastrophe plongea l'Europe, bien des gens s'imaginèrent que Mack et plusieurs autres adversaires de Napoléon furent des traîtres gagnés à l'avance. Évidemment, la conduite de ces hommes ressemble à une trahison ; mais il est avéré aujourd'hui que ce fut une trahison entièrement gratuite.

Ce serait outrepasser le but de cet ouvrage, que de décrire en détail les dispositions de Napoléon, ou de retracer et de juger les déplorables mesures du malheureux Mack. La première partie de la campagne fut décidée sans qu'il y eût eu beaucoup à combattre, et il y a peu de chose à dire, par conséquent, des exploits de la cavalerie. Celle des Autrichiens ne put échapper qu'en partie au sort de l'armée : ce qu'il y a de mieux à en raconter, c'est la retraite de l'archiduc Ferdinand qui sut au moins soustraire à la honte une partie de la cavalerie. Quant à celle des Français, elle eut une belle part aux succès de l'Empereur, soit par des marches rapides, soit par des attaques vigoureusement exécutées.

Au commencement de septembre, l'armée autrichienne comptait :

En Italie.	69 bat.	et	2 rég.	de cav.
En Tyrol.	60	—	1	—
En Autriche et en Carinthie	50	—	4	—
Au camp de Wils.	54	—	7	—
A Minkendorf.	16	—	5	—

L'armée placée sous les ordres du général Mack, et composée de 100 bataillons et de 92 escadrons, était placée au mois de septembre dans une position qui s'étendait depuis le Danube jusqu'au lac de Constance, ayant le gros de ses forces derrière l'Iller. Le 7 octobre, le quartier-général fut porté à Ulm et l'armée se concentrait dans le voisinage, lorsque Napoléon avait déjà terminé sa marche du Rhin au Danube, que Bernadotte, venu du Hanovre par

Anspach, et Marmont, parti de Mayence, étaient arrivés sur l'Altmühl et s'étaient joints aux Bavarois et que, par conséquent, toutes les forces françaises se trouvaient sur le flanc droit de l'armée autrichienne.

L'armée française, outre la garde, les Bavarois et la cavalerie de réserve, était divisée en 6 corps, commandés par les maréchaux Bernadotte, Marmont, Ney, Soult, Davoust et Lannes; plus tard elle fut augmentée d'un 7e corps sous Mortier et d'un 8e sous Augereau. Chaque corps était de 2 à 3 divisions d'infanterie, à 12 bataillons en moyenne par division, et de quelque cavalerie légère. La garde se composait alors de 10 bataillons et de 9 escadrons; dans le cours de la campagne, la division des grenadiers d'Oudinot fut réunie à la garde pour former un corps de réserve. Le corps du maréchal Ney, outre la cavalerie légère attribuée à chaque corps, avait une division de dragons à pied, commandée par le général Baraguay-d'Hilliers, et comptée parmi la cavalerie de réserve mais, plus tard, cette division fut détachée de Bavière en Bohême.

La grosse cavalerie était réunie, sous les ordres de Murat, en un corps de cavalerie de réserve; composé de 6 divisions, dont 2 de cuirassiers sous d'Haupoult et Nansouty, et 4 de dragons sous les généraux Klein, Beaumont, Walther et Bourcier (1).

(1) En 1806, il y avait aussi à chaque division de grosse cavalerie, une brigade de cavalerie légère, de sorte que la division était de 6 régiments. L'auteur ignore si cette organisation existait dès 1805, ou ne fut introduite qu'après la guerre. Mathieu Dumas, dans les *pièces justificatives*, évalue la force d'une division de cavalerie à 2,000 chevaux; chacune avait, en outre, 1 ou 2 batteries à cheval.

Bernadotte s'était porté du Hanovre à Ingolstadt, par la Hesse et Anspach.

Marmont était venu de Hollande à Neubourg, par Mayence et Würzbourg.

Les 4 autres corps franchirent le Rhin à Manheim, Spire, Durlach et Strasbourg, et opérèrent leur jonction le 5 et le 6 octobre dans le voisinage de Nœrdlingen.

Le corps de cavalerie passa le Rhin à Strasbourg le 25 septembre, poussa des détachements en avant dans la Forêt-Noire, passa quelques jours dans ces montagnes, se dirigea ensuite au nord, passa près de l'ennemi par Pforzheim et Stuttgardt, traversa le Nekar à Esslingen, suivit la Vils jusqu'à Gœppingen, marcha par Weissenstein, Heidenheim et Nœrdlingen sur Donauwerth, y passa le Danube le 7 octobre, poussa en avant jusqu'à Rain sur le Lech, et s'empara du pont sur cette rivière. Le 8, la plus grande partie du corps se dirigea au sud, le long de la Zusam et par Wertingen, sur Zusmarshausen, pour gagner la route d'Ulm à Augsbourg; 2 divisions de cavalerie se portèrent à Augsbourg avec la garde ; le corps du maréchal Lannes (division de grenadiers Oudinot et une division d'infanterie) suivit la cavalerie. Ce jour-là eut lieu le premier engagement.

Combat de Wertingen.

A Wertingen et dans le voisinage se trouvait le corps autrichien du général Auffemberg (9 bat. et 4 esc.), qui, destiné pour Donauwerth, ne s'attendait point encore à rencontrer l'ennemi. Murat, à la tête de 3 divisions de cavalerie formant un total de 7,000 chevaux, y arriva vers midi comme les Autrichiens venaient d'y arriver de leur côté. La division Nansouty tourna les Autrichiens, à qui un bois et le coteau à gauche de la Zusam masquaient la marche de l'ennemi. Pour résister à une attaque si inattendue, 4 bataillons se formèrent en un carré auquel se joignirent les 4 escadrons. Dans la *Défense du général Mack* (Vienne, 1806, pag. 333), il est dit que l'attaque fut tellement imprévue qu'on s'était moqué des premiers rapports comme d'une chose impossible. Bulow, pour tracer, comme il dit, « un tableau des mœurs militaires de notre temps », raconte qu'on ne put décider les officiers à quitter leurs assiettes, et que les troupes se formèrent sans eux. Nous ignorons si cette assertion a sa source dans des renseignements dignes de foi ou dans les bavardages dont on ne se fait jamais faute pour flatter le vainqueur et honnir le vaincu; mais cette stupidité attribuée aux officiers autrichiens nous semble d'autant plus incroyable que les rapports français n'en disent pas un mot, affirmant au contraire que les Autrichiens résistèrent pendant plusieurs heures aux charges des dragons français, jusqu'à l'arrivée d'une brigade de grenadiers de la division Oudinot. Les Autrichiens s'étant alors mis en retraite, furent de nouveau attaqués et culbutés ; un grand nombre furent sabrés, et 2,000 faits prisonniers avec 52 officiers, 6 canons et 3 drapeaux. Le lendemain, Auffenberg lui-même, avec le reste de son monde qui avait échappé à la déroute, fut pris à son tour. Les historiens français ne disent pas du tout si l'on employa dans cette affaire l'artillerie à cheval ; la grande compilation des bulletins, rapports et mémoires, qui a pour titre *Victoires, conquêtes, etc.*, n'en dit pas non plus un mot, et ne raconte, au lieu de cela, que des actions d'éclat faites par des officiers ou soldats isolés. Ce qu'il y a de plus clair, c'est que la cavalerie fit la meilleure part de la besogne, et qu'on dut principalement à cette arme cette première victoire, importante sous tous les rapports. Napoléon lui-même arriva le soir à Zusmarshausen avec les 3 divisions de cavalerie et le corps du maréchal Lannes.

A part le succès tactique de ce combat, la disposition stratégique de toute l'opération de l'Empereur est remarquable par l'emploi qu'il y fit de la cavalerie.

Napoléon ne s'attendait nullement à parvenir à son but par de simples marches : celles-ci, au contraire, étaient calculées en vue d'une bataille décisive, comme le prouvaient ses proclamations et mieux encore ses dispositions. Devant le front des Autrichiens, dans la Forêt-Noire, il ne resta pas un homme de l'armée principale des Français : le corps de Ney, pendant la marche de l'armée sur Donauwerth, se porta seul de Nœrdlingen, par Katzenstein, sur Günzbourg, où la plus grande partie de ce corps passa également sur la rive droite. Pendant plusieurs jours, avant l'arrivée des autres corps, celui de Ney resta fort aventuré, et la division Dupont, demeurée seule sur la rive gauche du Danube, essuya effectivement un échec le 17 octobre, et fut rejetée sur Lauingen et Gundelfingen ; mais Mack ne profita aucunement de cet avantage. Tous les autres corps français passèrent le Danube au-dessous de la position des Autrichiens, à Donauwerth, à Neubourg, à Ingolstadt d'où Bernadotte se porta avec Davoust et les Bavarois sur Munich, pour tenir tête aux troupes qui arrivaient d'Autriche; le reste de l'armée française se dirigea du côté de l'armée principale commandée par Mack. Dans cette manœuvre, qui avait pour but de tourner l'ennemi, la plus grande partie de la cavalerie et le corps de Lannes s'en trouvèrent le plus près, marchant sur Ulm par Wertingen, Zusmarshausen, Burgau et Günzbourg. L'Empereur lui-même accompagnait cette colonne; le 10, il se rendit à Augsbourg près du corps de Marmont, qui, venant de Neubourg, suivait la première colonne. La garde et les deux divisions détachées de la cavalerie de réserve s'étaient portées de Donauwerth à Augsbourg, d'où elles furent également dirigées sur Ulm par Burgau. Enfin, le corps du maréchal Soult, après avoir en partie passé le Lech à Rain, se porta par Landsberg sur Memmingen, dont la garnison autrichienne (9 bat.), se rendit le 14 octobre. Ce même jour eut lieu l'attaque générale contre la position des Autrichiens à Ulm, attaque qui eut pour résultat de les refouler dans la ville et au succès de laquelle une partie de la cavalerie française contribua vigoureusement. Le 13, on avait détaché d'Ulm sur Heidenheim le général Werneck avec 8,000 hommes; le 14 au soir, l'archiduc Ferdinand quitta le voisinage d'Ulm avec une partie de la cavalerie (11 escad.), et se porta sur Ahlen. Malheureusement six régiments de cavalerie restèrent presque tout entiers à Ulm, où ils ne pouvaient plus être d'aucune utilité, quand même Mack, au lieu de perdre la tête, se fût bravement défendu. Le corps de Werneck, attaqué le 15 près de Herbrechtingen sur le chemin de Heidenheim, par Murat avec la cavalerie de la garde et la division des dragons de Klein, fut battu et capitula le 18 à Trochtelfingen; cependant la cavalerie se sauva malgré que le général l'eût comprise dans la capitulation, et rejoignit l'archiduc Ferdinand. Ce dernier, poursuivi et serré de près par Murat, perdit une partie de son artillerie et de ses bagages;

mais il parvint pourtant, avec le gros de sa troupe, que la cavalerie de Werneck avait portée à 27 escadrons, à gagner la Bohême, évitant ainsi de partager la honte du déplorable conseiller qu'on lui avait adjoint.

Un autre détachement de 10 escadrons, faisant partie de l'aile gauche des Autrichiens, marcha de Bregentz sur Elchingen, derrière l'armée française, traversa le Haut-Palatinat et gagna également la Bohême, après avoir soutenu en route quelques engagements heureux.

Mack, enfermé dans Ulm, pouvait encore, comme Mélas à Marengo, faire échouer par une victoire la manœuvre de son adversaire. Le second l'entreprit en effet, et ne laissa échapper la victoire qu'après avoir vaillamment combattu pour la remporter; le premier, au contraire, n'osa pas même se défendre, et ne trouva rien de mieux à faire, dans l'urgence de sa position, que de publier une proclamation et de conclure le lendemain une capitulation, qui est à celle de Marengo comme une pasquinade à un poème épique. Mélas, désespérant de sauver le pays, sauva du moins l'armée ; tandis que Mack livra et l'armée et le pays, ne sauvant que la vie et les porte-manteaux.

En voilà assez sur cette campagne! Il était réservé à l'année 1806 de faire presque oublier les événements inouïs de l'année précédente, en offrant aux yeux du monde étonné des résultats analogues amenés par des circonstances à peu près semblables.

Nous ne parlerons point non plus de ce qu'on eût pu faire pour s'opposer à la manœuvre des Français et la paralyser, et nous arrivons de suite à la seconde partie de la campagne, où Napoléon montra par un exemple saisissant, dans les champs d'Austerlitz, comment il s'entendait, lui, à déjouer les manœuvres faites pour le tourner. Nous passerons aussi sous silence les détails de la marche d'Ulm en Moravie, qui offre peu de traits instructifs à notre point de vue. Le combat de Dirnstein peut servir à prouver que des troupes, lors même qu'elles sont tournées et cernées, ne doivent pas encore perdre courage ; mais la cavalerie n'ayant pris qu'une part minime à cette affaire, nous croyons inutile de la décrire ici.

Combat de Hollabrunn.

(16 novembre.)

Cette affaire mérite d'être mentionnée, non seulement à cause de la vaillante résistance que les 6,000 hommes de l'arrière-garde russe, sous le prince Bagration, opposèrent à l'attaque des corps beaucoup plus nombreux de Murat, de Lannes et de Soult, mais aussi parce qu'elle caractérise l'habitude de plus en plus développée chez les Français par des succès presque fabuleux, de ne douter de rien et de tout entreprendre sans avoir égard aux difficultés même les plus sérieuses et les plus réelles.

Les Russes avaient pris position derrière le village de Schœn-Grabern, non loin de Hollabrunn, sur la route de Vienne à Znaïm. A quatre heures du soir, c'est-à-dire comme il allait faire nuit, Murat arriva en face d'eux et donna aussitôt l'ordre d'attaquer. Le maréchal Soult eut beau lui représenter l'incertitude et les difficultés d'un combat engagé à la chute du jour et lui conseiller d'attendre le lendemain matin, Murat n'écouta point ce sage avis. Le combat commença ; les postes de cavalerie des Russes furent repliés.

Néanmoins les Français y perdirent beaucoup de monde; ils furent contraints d'évacuer le village de Schœn-Grabern, incendié par l'artillerie russe, et Bagration effectua sa retraite et sa jonction avec le gros de l'armée. Le bulletin français, en parlant de cette attaque, en exprime en ces termes l'insuccès : « Si la nuit n'était arrrivée, rien ne « nous aurait échappé. Les bataillons de grenadiers russes « ont montré de l'intrépidité. » En effet, la tentative avait évidemment échoué, car son but n'était pas de refouler l'avant-garde russe mais de la détruire, et on y eut réussi probablement, vu la grande supériorité numérique des Français et l'éloignement du gros de l'armée que Kutusow (1) avait ramenée de deux journées de marche en arrière sur Brünn, laissant l'arrière-garde fort loin et engageant une négociation pour gagner du temps.

Murat, après avoir perdu cette occasion de remporter un succès éclatant, ne put s'en prendre qu'à lui-même et à son ardeur intempestive; dans un combat nocturne, sa supériorité numérique ne lui fut pas d'une grande ressource, et il était impossible de faire agir efficacement dans l'obscurité sa nombreuse et brave cavalerie, composée de trois brigades de cavalerie légère et d'une division de dragons, qui certainement n'auraient pas manqué, au jour, de donner au combat une tout autre tournure.

La nuit, dit un proverbe allemand, n'est l'amie de personne; mais il faut convenir que souvent elle est l'amie, la protectrice et l'auxiliaire du faible contre le fort, et l'on s'étonne à bon droit de trouver dans les guerres mo-

(1) Voy. son rapport à l'empereur Alexandre.

dernes si peu d'exemples de surprises nocturnes, malgré la négligence insouciante des Français qui semblait provoquer ces sortes d'entreprises. Habilement conduites, ces expéditions sont un excellent moyen de faire beaucoup de choses avec peu de monde; mais quand on n'a point l'avantage de la surprise, quand on est assez supérieur à l'ennemi pour chercher à lui faire sentir tout le poids de ses forces, quand on n'a rien à gagner et beaucoup à perdre à la confusion et au désordre inséparables de tout combat livré dans l'obscurité, un chef de cavalerie fait mieux de s'abstenir d'attaques nocturnes et d'attendre le jour, le désordre étant le plus redoutable ennemi de son arme.

Après l'affaire de Hollabrunn, l'armée des Alliés continua sa retraite sur Olmütz, évacua Brünn, fit sa jonction avec le corps du grand-duc Constantin, se reporta en avant dans les derniers jours de novembre sur Rausswitz, Wischau et Austerlitz, et livra, le 2 décembre, la bataille à laquelle ce dernier endroit donna son nom.

Bataille d'Austerlitz.

(2 décembre.)

Cette bataille mémorable a été admirablement décrite par le général Stutterheim dans son histoire, malheureusement inachevée, de la campagne de 1805 (1). Nous nous bornerons, pour notre part, à en donner une es-

(1) La bataille d'Austerlitz, par un militaire témoin de la journée du 2 déc. 1805. Hambourg, 1806.

quisse succincte en n'insistant que sur ce qui concerne particulièrement la cavalerie.

Lorsqu'après son mouvement rétrograde l'armée alliée revint en avant, il s'engagea le 26 novembre, près de Wischau, où était postée une division de cavalerie française, un combat sans importance. Les Français évacuèrent cet endroit et les environs, se replièrent derrière Austerlitz dans la direction de Brünn, et se concentrèrent entre la Schwarze et la route qui mène d'Austerlitz à Brünn. L'armée qui livra la bataille y occupait la position suivante : le corps de Bernadotte, de deux divisions d'infanterie, qui avait été ramené d'Italie et se trouvait derrière le village de Gorschikovitz, fortement occupé, formait le centre de l'armée. A sa gauche, et formant l'aile gauche de l'armée, s'appuyait le corps du maréchal Lannes, également de deux divisions d'infanterie, s'étendant jusque sur la route d'Austerlitz à Brünn où se trouvait, sur une hauteur près de Dwaroschna, une batterie de dix-huit bouches à feu comme point d'appui pour la gauche. Derrière ces deux corps se trouvait, sous le commandement de Murat, la cavalerie de réserve dont une grande partie cependant avait été détachée. Le corps du maréchal Soult, composé de trois divisions d'infanterie, formait la droite de l'armée et se trouvait entre les villages de Kobelwitz, de Sokolnitz et de Telnitz, tous trois occupés par de forts détachements. La réserve, formée de la garde impériale et de la division de grenadiers d'Oudinot, en tout 20 bataillons, 9 escadrons et 40 bouches à feu, était placée en arrière de l'armée, à Turas. La division d'infanterie Friant, du corps de Davoust, était avec une division de dragons de la cavalerie de réserve près du couvent de Reygern sur la Schwarze, derrière la droite de l'armée; l'autre division du même corps, trop éloignée pour prendre part à la bataille, était postée à Nikolsbourg pour arrêter le corps du comte de Meerveldt, qui comptait 4 à 5,000 hommes et était arrivé à Landenbourg venant de Hongrie. Le total des forces françaises disponibles s'élevait à près de 70,000 hommes.

Mortier, avec son corps d'armée, était à Vienne; Marmont se trouvait à Léoben; Ney marchait du Tyrol vers la Carinthie, pour soutenir Masséna contre l'archiduc Charles. Les Bavarois étaient à Iglau et Augereau en Bavière. Cette répartition des forces de l'Empereur avait beaucoup diminué la force numérique de l'armée avec laquelle il avait envahi l'Autriche après la catastrophe d'Ulm. Les Russes, au contraire, avaient considérablement augmenté la leur et attendaient encore l'arrivée de nouveaux renforts, et les choses semblaient changer de face, comme il arrive souvent à la guerre, en ce sens que le parti le plus fort perd de jour en jour de sa supériorité numérique, tandis que le vaincu se relève, se refait, répare peu à peu ses forces et voit s'ouvrir une perspective plus favorable. Nous ne développerons point cette observation, qui nous conduirait à examiner si les Alliés eurent raison de livrer cette bataille, et s'il n'eût pas été plus sage, dans cette occurence, de temporiser encore. Passons donc aux dispositions dans lesquelles on comptait la livrer.

L'armée austro-russe était de 114 bataillons et 172 escadrons, dont 20 bataillons et 54 escadrons de troupes autrichiennes, et 40 escadrons de Cosaques, formant au total 83,645 hommes (dont 16,565 de cavalerie), et occupant, le 1er décembre au soir, les positions suivantes.

L'avant-garde, commandée par le prince Bagration et forte de 12 bataillons et de 40 escadrons, était en avant des villages de Holubitz et de Blasowitz, tous deux situés à gauche (au midi) de la route d'Austerlitz à Brünn. Le gros de l'armée, partagé en 5 colonnes, dont 4 d'infanterie (87 bataillons) et une, sous le prince de Lichtenstein, de 82 escadrons de cavalerie, se trouvait à Klein-Hossieradeck et à Pratzen. La réserve, formée de 10 bataillons et de 18 escadrons de la garde russe, sous les ordres du grand-duc Constantin, était à Krzenowitz avec le quartier-général. Enfin, un détachement de 5 bataillons et 32 escadrons, commandé par le général Kienmayer et destiné à former l'avant-garde dans la marche projetée par les Alliés, était devant l'aile gauche, à Aujezd.

Voici maintenant quelles étaient les dispositions des Alliés pour la bataille.

Le corps de Kienmayer et la première colonne du gros, commandée par le général Dochtorow, en tout 29 bat. et 32 esc., devaient se diriger sur Telnitz.

La seconde colonne, de 18 bataillons et commandée par le général comte Langeron, devait passer, entre Sokolnitz et Telnitz, le ruisseau sur lequel se trouvent ces deux villages et celui de Kobelnitz.

La troisième colonne, commandée par le général Przybyzewsky, et forte de 18 bataillons, devait passer le ruisseau à Sokolnitz et se porter ensuite sur les étangs de Kobelnitz.

La quatrième colonne, de 27 bataillons, commandée par le général Kollowrath, devait également franchir le ruisseau et se guider sur les trois autres colonnes, une fois qu'elle aurait dépassé les étangs de Kobelnitz. La masse principale de l'infanterie (92 bataillons avec 32 escadrons), était donc destinée à tourner l'ennemi par sa droite; après avoir franchi les défilés, ces 4 colonnes devaient se porter dans la direction de Turas et de Schlapanitz, c'est-à-dire, contre la route qui mène d'Austerlitz à Brünn.

La cinquième colonne, composée des 82 escadrons et de quelques batteries légères sous les ordres du prince Jean de Lichtenstein, avait pour mission de couvrir la marche et la position de la droite des Alliés, formée par le corps de Bagration, qui auparavant formait l'avant-garde et comptait 12 bataillons et 40 escadrons. Ce corps devait suivre la route de Brünn jusqu'au voisinage de Dvaroschna, y prendre position et y établir quelques batteries de gros calibre. On supposait que l'ennemi attaquerait ce corps, pendant que le gros de l'armée le tournerait lui-même.

Le corps de réserve enfin, composé des gardes russes commandées par le grand-duc Constantin, devait se porter en avant sur Blasowitz, pour appuyer Bagration et Lichtenstein.

Si, après avoir examiné les détails de ces dispositions, on jette un regard sur la position telle que nous l'avons indiquée plus haut, on voit au premier coup d'œil qu'il ne restait devant la masse concentrée de l'armée française que l'aile droite et la réserve des Alliés, pendant que le gros de leurs forces, en quatre colonnes, s'étendait sur une ligne de 3 lieues du côté de l'aile droite des Français pour la tourner. Il y a, dans les *Notes d'un officier français sur le rapport de Kutusow à l'empereur de Russie*, une critique incisive, sévère, mais on ne peut plus vraie de ces dispositions des Alliés : « Les Russes, y est-il dit, avaient conçu

« un plan de bataille contre une armée qu'ils ne voyaient « point, qu'ils supposaient dans une position où elle n'é- « tait point, et de plus, ils admettaient l'hypothèse que les « Français resteraient immobiles comme des termes. » Ces notes remarquables ont été imprimées dans le *Moniteur*, et plusieurs fois réimprimées depuis ; l'on a prétendu que Napoléon lui-même les a dictées. Quoi qu'il en soit, elles prouvent que l'auteur avait une intelligence claire et nette de l'état des choses, malgré le ton un peu exagéré de ce morceau qui vise trop à l'effet pour que l'historien puisse, les yeux fermés, en accepter tout le contenu comme vérité absolue. Quant à ce qui regarde en particulier l'emploi de la cavalerie, nous dirons que les Alliés n'ont dû faire qu'un usage bien mal entendu de leur nombreuse cavalerie légère, pour être si incomplètement et si mal renseignés sur la position de l'ennemi ; mais, en supposant même que l'hypothèse sur laquelle était basé tout le plan des Alliés fût exacte, il est très surprenant qu'on ait interverti les rôles habituels des diverses armes, en envoyant la principale masse de l'infanterie tourner l'ennemi, tandis que le gros de la cavalerie fut chargé de défendre la position devant le front de l'ennemi Dans la plupart des cas, le parti contraire paraîtrait sans doute le meilleur. En supposant qu'on eût livré et gagné la bataille d'après ce plan, on aurait sans doute regretté à la gauche l'absence de la cavalerie, et l'on peut se demander si, même en mettant toutes choses au mieux, elle aurait eu le temps d'arriver du lieu où elle se trouvait à celui où elle eût été nécessaire et utile ; en suivant l'ennemi sur la route de Brünn, elle n'aurait pas fait grand' chose, car les Français, même après une défaite, eussent assez longtemps tenu dans les défilés de

Bellavitz et de Schlapanitz, pour paralyser la cavalerie russe.

La bataille, du reste, se fit toute différente de ce que les Russes attendaient.

A 7 heures du matin, Kienmayer, soutenu par la première colonne, attaqua le village de Telnitz et en délogea l'ennemi ; la deuxième et la troisième colonne s'emparèrent du vilage de Sokolnitz. Ces deux points avaient été vigoureusement défendus par une division du corps de Soult, secondée par la division Friant, placée au couvent de Reygern et par une division de dragons. Pendant que les Alliés exécutaient ce mouvement, Napoléon, avec les corps de Bernadotte et de Lannes, 2 divisions de celui de Soult et la cavalerie de Murat, suivis de la garde impériale en réserve, attaqua le centre et l'aile droite de l'armée russe. La quatrième colonne des Russes, de 27 bataillons, une brigade de la troisième qu'on avait eu le temps de ramener, et 4 régiments de cavalerie détachés sur ce point par le prince de Lichtenstein, furent attaqués vers 9 heures à Pratzen, par les 2 divisions St-Hilaire et Vandamme du corps de Soult. En même temps Bernadotte se portait sur Blasowitz, et Lannes s'avançait sur la route de Brünn ; la cavalerie de Murat et celle de la garde sous les ordres de Bessières suivaient ce mouvement. L'infanterie de la garde et les grenadiers, laissés en réserve entre Schlapanitz et Kobelnitz, furent envoyés vers le soir contre la gauche des Russes ; mais cette infanterie ne tira pas un coup de fusil pendant toute la bataille.

Le corps de Bernadotte et la brigade de cavalerie légère de Kellermann donnèrent à Blasowitz sur la garde russe; Lannes, suivant la route qui conduit à Austerlitz, s'étendit sur sa gauche jusque vers Kavalovitz, où le prince Bagration se déploya devant lui. La cavalerie du prince Lichtenstein, réduite à 52 escadrons par le départ de 4 régiments envoyés à Pratzen et de 10 escadrons détachés au soutien de Bagration, arriva à côté du grand-duc Constantin, sur sa gauche. Le prince Lichtenstein ordonna d'attaquer. Le régiment de houlans du grand-duc, qui marchait en tête de la colonne, se déploya le premier et s'élança aussitôt à la charge, sans attendre que les autres se fussent formés ; la cavalerie légère française se replia rapidement à travers les intervalles de l'infanterie et fut reçue par la cavalerie de ligne. Les houlans, ayant poursuivi cette cavalerie jusque derrière son infanterie, essuyèrent un feu très vif ; culbutés ensuite par la cavalerie française, ils laissèrent 400 hommes sur le terrain, y compris leur commandant le général Essen, et furent poursuivis jusque près du corps de Bagration. L'attaque était donc complètement manquée, et il est évident qu'entreprise de cette manière, elle ne pouvait qu'échouer. Quant à savoir qui mérite le plus de blâme, du général Essen pour avoir chargé avec les houlans seuls sans attendre la formation des autres régiments, ou de ceux-ci pour avoir laissé les houlans exécuter seuls leur attaque, c'est une question que nous laisserons décider à des témoins oculaires, seuls capables d'apprécier exactement les circonstances de cet événement.

Cette attaque n'ayant point réussi, la cavalerie russe se forma entre Blasowitz et Pratzen. Sur ces entrefaites, la colonne du général Kollowrath, délogée de la hauteur de Pratzen après un combat acharné, s'était retirée sur Hodiezitz près d'Austerlitz ; le prince Lichtenstein couvrit cette retraite avec sa cavalerie, et quelques-uns de ses régiments exécutèrent des charges qui, si elles ne purent arracher la victoire, à l'ennemi ralentirent au moins ses progrès.

Pendant que le centre de l'armée austro-russe était battu à Pratzen et que, par sa retraite, les deux ailes se trouvaient entièrement séparées l'une de l'autre, pendant que les trois colonnes de la gauche étaient arrêtées à Telnitz et à Sokolnitz par Davoust et Legrand, et que la droite était attaquée par Lannes, la réserve du grand-duc Constantin, qui se trouvait alors en première ligne, fut entraînée près de Blasowitz dans un engagement très-vif : le régiment des chasseurs de la garde qui occupait ce village en fut chassé par les Français. Le grand-duc ayant rangé ses troupes en bataille, fit repousser à la baïonnette les troupes avancées des Français ; mais avant que la garde russe fût arrivée à l'infanterie formée en masses par bataillons, Bessières s'élança avec la cavalerie de la garde impériale, et les Russes reculèrent. Cependant, la cavalerie russe étant accourue chargea le 4me régiment d'infanterie de ligne, en sabra un bataillon et lui prit son aigle qui fut le seul trophée de cette journée pour l'armée russe. La brigade du général Schinner, de la division Vandamme (corps du maréchal Soult), fut également culbutée par la cavalerie ennemie (1) ; mais les deux régiments de cette brigade perdirent, dit-on, fort peu de monde, les soldats s'étant sauvés la plupart en se jetant par terre et en laissant passer les cavaliers russes qui ne leur firent pas grand mal. Un poulk de Cosaques eût été là parfaitement à sa place,

(1) Victoires et Conquêtes, etc. XV. pag. 253.

pour empêcher cette résurrection. Dans cette occasion, la cavalerie de la garde russe se battit avec celle de la garde impériale française : l'une et l'autre se comportèrent comme on pouvait l'attendre de deux corps d'élite ; mais enfin les Français eurent le dessus, et les gardes russes se retirèrent à Austerlitz, ayant perdu beaucoup de morts et de blessés, mais peu de prisonniers.

Le prince Bagration résista toute la journée aux attaques du maréchal Lannes soutenu par une partie de la cavalerie de Murat. Le soir, il se replia sur Rausnitz, où il reçut l'ordre de se porter sur Austerlitz, laissant entièrement dégarnie la route d'Olmütz, où l'ennemi s'empara, le lendemain, d'une quantité de bagages dirigés sur cette place. A cette aile de l'armée russe, il y eut plusieurs engagements de cavalerie où le général Uwarow, à la tête de sa division, montra, dit-on, beaucoup d'habileté et de courage ; mais les détails manquent sur cette partie de la bataille.

La perte la plus considérable fut essuyée par les Russes à leur gauche. La 1re, la 2e et la 3e colonne, ainsi que nous l'avons dit, avaient continué leur marche sur Telnitz et Sokolnitz, pendant que la 4e colonne était attaquée et battue à Pratzen, où la brigade Kamensky avait seule été ramenée ; 55 bataillons et 32 escadrons se trouvèrent, au commencement de la bataille, en face de la division Legrand, appuyée de la division Friant. Sans doute, on eût très bien fait, dès que l'ennemi attaqua les hauteurs de Pratzen, de diriger sur ce point la masse principale de l'aile gauche ; le corps de Kienmayer, appuyé au besoin par la 1re colonne, était suffisant pour contenir l'aile gauche des Français. Mais les 3 colonnes des Alliés ayant continué leur premier mouvement, pendant que leur centre était battu à Pratzen, et leur réserve avec leur aile droite refoulée sur Austerlitz, il arriva que, quelques heures après le début de la bataille, leur armée était déjà toute disloquée, leur plan complètement déjoué et la victoire assurée aux Français. L'aile gauche des Russes, coupée et isolée, était certainement assez forte pour se tirer d'affaire d'elle-même; mais dès le commencement de son mouvement, il y avait eu déjà du désordre et de la confusion, et la vigoureuse résistance des Français à Telnitz et à Sokolnitz avait fatigué et ramolli une partie de l'infanterie. La nouvelle de la défaite du centre et l'attaque des troupes envoyées par Napoléon à Sokolnitz sur le flanc et en queue de la gauche des Russes, dès qu'il eut vaincu à Pratzen, achevèrent leur ruine. Le général Przybyzewski fut pris à Sokolnitz avec 6,000 hommes de la 2e et de la 3e colonne qui s'étaient mêlées en désordre; les généraux Buxhœvden et Dochtorow se replièrent sur Aujezd avec les troupes de la 1re colonne et les débris des deux autres. Il eût encore été possible, dans ce moment, de repousser l'ennemi des hauteurs qui s'étendent de Pratzen à Aujezd; mais au lieu d'attaquer ces hauteurs, la colonne se porta sur Aujezd par la vallée, en suivant le même chemin qu'elle avait pris pour marcher en avant, et pour échapper par ce moyen au danger incertain d'un combat, elle courut au-devant d'une perte presque inévitable. A peine, en effet, la colonne eut-elle atteint Aujezd, que la division Vandamme attaqua le village par les hauteurs et l'enleva; le général Buxhœvden et quelques bataillons parvinrent à traverser le village, à gagner la route d'Austerlitz et à y rejoindre l'armée; mais 4,000 hommes furent obligés de mettre bas les armes à Aujezd, et les Français s'emparèrent de presque toute l'artillerie des 3 colonnes, parce que le mauvais état des chemins, la lassitude des chevaux, et par dessus tout le désordre affreux qui avait tout confondu de ce côté, empêcha qu'on pût la sauver. Le reste de l'infanterie, commandée par Dochtorow, et la cavalerie du corps de Kienmayer se dirigèrent alors au sud, pour se retirer par une digue étroite et incommode, passant entre les lacs; quelques troupes essayèrent de se sauver en traversant les lacs sur la glace, où une partie trouva la mort dans les flots, circonstance relatée dans le bulletin français par cette fameuse phrase que *tout un corps disparut ainsi*.

La cavalerie du corps de Kienmayer fut très convenablement employée pour couvrir la retraite : elle se composait de 22 escadrons autrichiens et de 10 escadrons de Cosaques. Ces derniers auraient entièrement renié les principes de leur tactique ordinaire, s'ils n'avaient préféré la légèreté à la persévérance ; mais les régiments autrichiens de Hesse-Hombourg, de Szeckler et d'Oreilly tinrent ferme, et il faut dire à leur louange qu'ils quittèrent les derniers le champ de bataille, gloire souvent plus difficile à gagner dans une bataille perdue que celle d'être en avant dans une victoire. Le régiment de Hesse-Hombourg hussards passa le premier la digue pour assurer sur la rive orientale des lacs le débouché des Russes ; les deux autres régiments, avec une batterie légère à cheval, restèrent entre Telnitz et Aujezd sous un feu d'artillerie bien nourri, jusqu'à ce que l'infanterie eût achevé de défiler. Napoléon avait envoyé sur ce point l'artillerie de sa garde ; la cavalerie qui aurait été si utile pour tourner les étangs d'Aujezd et détruire les restes de l'infanterie de Dochtorow, ne s'y montra point, à part une brigade de dragons qui essaya une attaque contre la queue de la colonne russe; mais elle y renonça lorsque la cavalerie autrichienne (Szeckler et Oreilly) se porta à sa rencontre.

Dans le cours de la bataille, les choses avaient tellement changé d'aspect, que le soir, vers 3 et 4 heures, les Français descendaient des mêmes hauteurs et par les mêmes chemins par où les Russes avaient marché contre eux le matin. Heureusement pour ces derniers, la nuit tomba vers 4 heures; 8,000 hommes, seuls restes des 55 bataillons de l'aile gauche, échappèrent à sa déroute en marchant toute la nuit sous une pluie abondante et par des chemins tellement défoncés que plusieurs pièces de canon y restèrent encore abandonnées. Ces 8,000 hommes parvinrent ainsi à atteindre Hodiegitz, où les deux empereurs ralliaient leurs troupes battues. Une circonstance assez remarquable, c'est que la batterie autrichienne à cheval qui se trouvait à l'arrière-garde fut sauvée, tandis que la 1re, la 2e et la 3e colonne perdirent à peu de chose près toute leur artillerie.

Quant à l'emploi de la cavalerie en particulier, nous rappellerons que la plus grande partie de celle des Alliés fut destinée, d'après le plan de bataille, à jouer un rôle défensif devant le front de l'ennemi; or, l'armée entière ayant été, dès le début de la bataille, rejetée dans la défensive, la cavalerie ne put exécuter aucune attaque sérieuse, et dut se borner à repousser celles de l'ennemi; de sorte que, l'offensive étant la première condition de l'indépendance de cette arme, elle ne fut pas une seule fois maîtresse de choisir à sa guise le moment et le lieu où il lui conviendrait d'aborder l'ennemi. La cavalerie du général Uwarow à l'aile droite, celle de la garde, une partie de celle du prince de Lichtenstein et celle de l'aile gauche furent certainement employées aussi bien que le permit la situation des Russes, si mauvaise dès le commencement de la journée; plusieurs régiments, notamment ceux de la garde, les houlans du grand-duc et quelques régiments autrichiens firent tout ce qu'on pouvait exiger d'eux. Parmi les circonstances défavorables, on pourrait citer l'état de la température qui avait détrempé le sol gras et glaiseux; mais l'inconvénient était le même pour les deux partis. En examinant avec attention la conception première et la marche de la bataille, on trouvera que la cavalerie des Alliés, tout en faisant à Pratzen et à Blasowitz plus d'efforts qu'elle ne fit, n'aurait toujours pas réussi à décider le gain d'une bataille qui péchait par la base.

La coopération de la cavalerie française nous fournit les observations suivantes :

La moitié seulement de la cavalerie de réserve se trouvait sur le champ de bataille, et la cavalerie alliée était, par conséquent, bien supérieure en nombre à celle des Français. Celle-ci se trouvait en majeure partie à l'aile gauche, opposée au corps du prince Bagration, où elle était occupée par la division du général Uwarow. La cavalerie de la garde impériale fut dirigée sur Blasowitz pour appuyer le corps de Bernadotte, engagé contre la garde russe. L'artillerie à cheval de la garde, au lieu de suivre la cavalerie, demeura en réserve jusqu'au moment où elle fut envoyée à Sokolnitz ; là, elle rendit d'excellents services, mais sans combiner son action avec celle de la cavalerie. Aucun succès éclatant, aucun fait d'armes particulièrement remarquable ne vint dans cette journée ajouter une page aux fastes de la cavalerie. La cavalerie de la garde fut celle qui se distingua le plus et contribua le plus au gain de la bataille. Ce fut à la retraite de l'aile gauche, dans les villages de Sokolnitz et d'Aujezd, que les Russes essuyèrent les plus grosses pertes par l'attaque vigoureuse du corps du maréchal Soult, qui fondit sur les colonnes ennemies en désordre et acheva de les enfoncer de toutes parts. Si la bataille s'était livrée un jour d'été, ou si Napoléon eût eu encore une réserve de cavalerie à sa disposition lorsque l'aile gauche des Russes céda sous les efforts des Français, il eût été tout-à-fait dans le style de ses grandes batailles de pousser en avant sur le chemin d'Austerlitz, par Aujezd et le bord oriental des lacs, un corps de cavalerie qui aurait achevé la destruction du corps de Buxhœvden, si son attaque avait réussi comme peut le faire présumer le déplorable état des troupes russes. Mais la nuit arrivant à 4 heures, cette manœuvre devenait impossible, parce qu'il ne fallait pas songer, dans l'obscurité, à faire passer à la droite de l'armée française des troupes à cheval tirées de la gauche et du centre. Les dragons de la droite auraient pu exécuter cette manœuvre ; mais nous pensons que la contenance de la cavalerie autrichienne les contint.

La bataille se décompose en plusieurs combats partiels, livrés sur la route de Brünn dans un espace de près de 6 lieues, à Blasowitz, à Pratzen, à Sokolnitz, à Telnitz et à Aujezd. On l'appela *bataille d'Austerlitz,* du nom d'une petite ville où il n'y eut pas un coup de fusil de tiré, mais où Napoléon reçut le lendemain de sa victoire le prince de Lichtenstein, et conclut l'armistice que suivit de près le traité de paix de Presbourg (1).

(1) Nous passons sous silence la campagne de l'archiduc Charles, parce que les relations détaillées sur cette campagne nous manquent, et que, dans celles qui existent, il n'y a rien qui intéresse spécialement notre but.

CHAPITRE II.

Campagne de 1806.

Batailles d'Iéna et d'Auerstedt ; Capitulation de Prenzlau.

Si les grandes actions et les glorieux efforts de nos pères nous offrent un sujet d'utiles méditations, l'étude d'une campagne malheureuse ne contient pas des renseignements moins instructifs et moins salutaires ; si, d'un côté, nous voyons un exemple qui élève l'âme et provoque une généreuse rivalité, en contemplant les parties lumineuses de l'histoire d'un autre peuple, et plus encore de notre propre nation, de l'autre, en portant nos yeux sur les ombres du même tableau, nous y puiserons, comme toujours à l'école du malheur, un trésor d'expériences précieuses qui rectifieront nos idées, détruiront nos préjugés et feront luire dans notre esprit un jour nouveau. L'histoire de la malheureuse guerre de 1806 et de 1807 serait instructive pour tout militaire et particulièrement pour tout militaire prussien, et pourrait faire l'objet d'une œuvre utile et méritoire, si un homme bien renseigné et consciencieux entreprenait de la raconter complètement. Il est vrai que le point de vue auquel se placerait l'auteur de cette œuvre difficile, serait chose très importante. Quant à cette tourbe de barbouilleurs qui, après la catastrophe, se ruèrent sur l'armée comme sur une proie et se firent un atroce plaisir de fouiller les blessures toutes saignantes de leur patrie, soit pour flagorner le vainqueur, soit pour exercer leur vile industrie aux dépens de la misère publique, ils ne peuvent, non plus que leurs écrits, échapper au mépris bien mérité de la postérité. Ceux, au contraire qui se seront efforcés, narrateurs consciencieux, de laisser à nos descendants des matériaux pour une histoire véridique de cette fatale époque, ont d'autant plus de droits à notre reconnaissance qu'ils auront trouvé peu de satisfaction dans l'accomplissement de leur œuvre.

Pour nous, nous ne saurions entreprendre ici l'histoire de cette guerre qu'il serait plus difficile d'écrire que toute autre sans entrer dans une foule de détails et d'analyses militaires. Nous nous bornons à extraire de la campagne de 1806 les particularités qui regardent spécialement la cavalerie. Cette campagne, du reste, n'offre que peu de faits qui rentrent dans le plan de ces feuilles, parce que la guerre prit, dès son début, une tournure telle que la tactique s'effaça et disparut presque entièrement devant des moteurs autre nature.

La totalité des forces prussiennes qui entrèrent en campagne, en automne 1806, s'élevait (y compris un corps saxon de 25 bat. et 32 esc.) à 144 bataillons, 197 escadrons et 35 batteries d'artillerie, dont l'effectif pouvait, en nombre rond, atteindre le chiffre de 118,000 combattants. Sur ce nombre, il y avait 32,000 hommes environ détachés en Westphalie, en Hanovre, à Halle et en Franconie, et qui ne prirent aucune part aux batailles d'Iéna et d'Auerstedt. En outre, les troupes qui s'étaient battues à Saalfeld sous le prince Louis-Ferdinand et à Schleitz sous le général comte Tauentzien, avaient déjà fait des pertes, de sorte que c'est largement compter que d'évaluer à 85,000 hommes les forces qui se trouvaient le 14 octobre en face de l'armée française.

Celle-ci se composait des 6 corps d'armée commandés par le prince de Ponte-Corvo et par les maréchaux Davoust, Soult, Lannes, Ney, Augereau, de la cavalerie de réserve sous le grand-duc de Berg, et enfin de la garde Impériale. Il est assez difficile d'en évaluer la force numérique, parce que les données manquent à cet égard pour certains corps : celui de Davoust, 28 bataillons et 9 escadrons, semble avoir été le plus nombreux ; le cinquième corps, sous Lannes, était de 17 bataillons et 9 escadrons ; le sixième, celui de Ney, de 17 bataillons et 6 escadrons, de même que le septième, commandé par Augereau. Ce ne sera pas trop s'éloigner de la vérité, sans doute, que d'évaluer l'ensemble de ces forces à 140,000 hommes. De même qu'en 1805, chaque corps d'armée avait une brigade de cavalerie légère de 2 à 3 régiments ; les cuirassiers et les dragons formaient 6 divisions de 4 à 6 régiments (à chaque division de dragons était également jointe une brigade légère), réunies sous les ordres du grand-duc de Berg. Les escadrons étant de 140 à 150 chevaux, et chaque régiment en ayant trois, on peut évaluer la cavalerie de réserve à un effectif total de 12 à 13,000 hommes.

Les forces prussiennes furent partagées en deux armées. La principale, sous les ordres du duc de Brunswick et où le roi se trouvait en personne, et l'autre sous le prince Hohenlohe. En outre, les troupes étaient formées en divisions composées de toutes armes, et comptant, en moyenne, 10 à 11 bataillons, 15 escadrons et 3 à 4 batteries. Sans doute, cette distribution était fondée sur l'idée de faciliter l'appui mutuel des trois armes, en les unissant par un lien tactique ; mais en dispersant ainsi toute la cavalerie par brigades dans les divisions d'infanterie, on ressentit bientôt l'inconvénient de ce système, l'une des exagérations dans l'emploi de la cavalerie. A la bataille d'Iéna, en effet, personne, à proprement parler, ne commandait la cavalerie, et les brigades isolées, abandonnées à elles-mêmes et au hasard, firent chacune peu de chose et ne furent d'aucune influence sur l'ensemble de la bataille. Il semble pourtant que les chefs de l'armée principale aient été convaincus, même avant la bataille, des inconvénients de cet état de choses, préparé et amené par la distribution primitive des troupes : car, le 14 au matin, un ordre exprès du roi conféra au général Blücher le commandement de 25 escadrons et de quelque artillerie à cheval. Il fallut donc bouleverser et changer l'ordre de bataille au moment même d'en faire usage, ce qui ne parle point en faveur des dispositions prises. A l'armée de Hohenlohe, diverses circonstances défavorables augmentèrent encore l'effet pernicieux de cet arrangement qui fut décisif et sans remède à la bataille d'Iéna. Certes, si Napoléon avait connu cette organisation vicieuse, il ne se serait pas donné la peine, avant la bataille, d'exhorter son infanterie à tenir ferme contre cette cavalerie prussienne tant vantée, à en soutenir le choc avec sang-froid en lui opposant des carrés pleins hérissés de baïonnettes ; il lui aurait, au contraire, annoncé avec bien plus de raison qu'elle n'avait rien à craindre de cette cavalerie jadis si redoutée! Il pouvait bien se faire que quelque brave officier fît exécuter une charge à quelques escadrons : mais il était difficile à une troupe ainsi disséminée de porter un coup décisif, ne fût-ce que parce qu'il lui manquait un chef qui eût l'autorité nécessaire pour ordonner une pareille manœuvre et pour en prescrire les dispositions. L'examen des deux batailles d'Auerstedt et d'Iéna expliquera ceci plus clairement.

Le 13 octobre au soir, les deux armées occupaient les positions suivantes :

ARMÉE PRUSSIENNE.

1° Armée principale (47 bataillons, 50 escad., 16 batteries), en marche de Weimar sur Auerstedt, ayant détaché sur Ilmenau le corps du duc de Weimar (14 batail., 35 esc., 3 batter.).

2° Armée du prince de Hohenlohe, à Kapellendorf, avec les troupes avancées, sous les généraux comte de Tauentzien et Holzendorf, à Iéna et à Dornbourg (43 bataillons, 62 escadrons et 12 batteries y compris les troupes saxonnes).

3° Corps de réserve, sous le commandement du général Rüchel, (18 batail., 20 escad., 2 batteries), près de Weimar.

4° Corps du duc de Wurtemberg (22 bat. et 20 escad.), en marche pour Halle.

ARMÉE FRANÇAISE.

1° Le 1er corps (Davoust), et la cavalerie de réserve (grand-duc de Berg), se trouvaient le 13 a Naumbourg; des détachements du corps de cavalerie battaient le pays jusque vers Leipzig et Halle.

2° Le 3e corps (prince de Ponte-Corvo) était à Flæmingen, pour soutenir Davoust contre l'armée principale des Prussiens.

3° Le quatrième corps (maréchal Soult) était au carrefour des routes qui mènent de Géra à Iéna et à Naumbourg; il marchait sur Dornbourg.

4° Le cinquième corps (Lannes) à Iéna.

5° Le sixième corps (Ney), près de Roda, et le septième (Augereau), près de Kahla, se dirigeaient sur Iéna.

6° L'infanterie de la garde impériale était à Iéna. La cavalerie de ce corps, encore en arrière, ne combattit point dans cette bataille.

L'empereur Napoléon était arrivé de sa personne à Iéna le 13 octobre à midi.

Il suffit de jeter les yeux sur une carte, pour voir que, dès le 13, les Français étaient maîtres des passages de la Saale; que le gros de leurs forces menaçait à Iéna le corps de Hohenlohe; que les troupes prussiennes, outre le désavantage du nombre, avaient encore celui d'être affaiblies par leur division en deux armées distinctes; que le corps de Hohenlohe surtout était dans une situation périlleuse, tandis qu'il n'était d'aucune utilité pour le corps du duc de Brunswick d'avoir affaire à un adversaire moins nombreux, puisque une victoire du duc sur Davoust n'aurait nullement compensé une défaite de Hohenlohe par Napoléon; qu'enfin, les communications de l'armée prussienne avec l'Elbe étaient déjà fort difficiles, et que son aile gauche était tournée. La marche de l'armée française n'était point, du reste, demeurée secrète ; Le 11 au matin, Hohenlohe, qui avait eu le 10 son quartier-général à Kahla, savait qu'un corps nombreux était arrivé à Gera, et en fit parvenir la nouvelle au duc de Brunswick.

Il est douteux que Napoléon lui-même ait eu une idée bien nette de la situation de l'armée prussienne, il semble qu'il ait cru le corps d'Auerstedt moins nombreux qu'il n'était réellement, ou bien que Davoust ne fut pas soutenu comme il devait l'être. Les dispositions de l'Empereur prouvent qu'il regardait la bataille d'Iéna comme l'affaire principale, et par conséquent Iéna comme le point capital, et qu'il prit ses mesures pour vaincre l'ennemi le plus rapproché. Le bulletin français représente les deux batailles comme n'en formant qu'une seule, et indique la position de l'armée prussienne en termes extrêmement vagues : « Le 13, dit-il, elle se mit en bataille entre Kapellendorf et Auerstedt, forte de 150,000 hommes environ. »

Du côté des Prussiens on avait l'intention d'échapper à l'ennemi qui manœuvrait pour les déborder et les tourner: à cet effet, l'armée principale devait se porter le 14 sur Freibourg et pousser une division en avant sur Kœsen.

Hohenlohe, pour assurer et couvrir cette marche, devait

rester à Kapellendorf, et le général Rüchel à Weimar, jusqu'à ce que le duc de Weimar l'eût rejoint ; des détachements devaient occuper Dornbourg et Naumbourg; en même temps, le duc recommandait au prince de Hohenlohe de ne s'engager dans aucune attaque. La malheureuse issue du combat de Saalfeld, attribuée à l'imprudente témérité du prince Louis-Ferdinand, a peut-être motivé ce dernier ordre, qui du reste, s'il avait pour objet d'éviter un engagement, manqua totalement son but.

Le prince de Hohenlohe était d'avis qu'au lieu d'attendre sur la rive gauche de la Saale les mesures que prendrait l'ennemi, on allât au-devant de lui en Franconie, et quand cela ne fut plus praticable, il voulait qu'on se portât sur Schleitz, pour attaquer l'ennemi au moment où il déboucherait des montagnes. Mais au point où l'on en était arrivé alors, cette idée, très bonne dans l'origine, ne pouvait pas non plus se réaliser.

Déjà il y avait eu à Iéna, le 13 octobre, un vif engagement, les Français ayant occupé le Landgrafenberg, et replié les postes prussiens et saxons jusqu'à Kloswitz, Lutzerode et la Schnecke. Le prince était dès-lors dans l'impossibilité d'éviter un combat, si le corps devait rester dans ce pays ; mais une attaque exécutée le 13 aurait pu empêcher le désastre du lendemain : la défense du duc empêcha donc d'obtenir un avantage, sans échapper à un inconvénient. Au moment où Tauentzien avait été forcé d'évacuer Iéna, le prince de Hohenlohe s'était avancé pour le recevoir ; les Prussiens avaient alors repoussé les Français jusqu'au Landgrafenberg, et l'on disposait déjà tout pour l'attaque de cette hauteur, lorsqu'arriva le fatal ordre de renoncer à toute manœuvre offensive. Il n'eût fallu que s'avancer assez pour reconnaître la force de l'ennemi près d'Iéna, et l'on aurait échappé à une partie des conséquences funestes qu'entraîna cet ordre, apporté dans un moment si inopportun.

Sans nous arrêter à des détails plus circonstanciés sur la situation de l'armée, nous passerons à la relation des deux batailles, en nous bornant toutefois aux traits principaux.

Bataille d'Iéna.

(14 octobre.)

Le gros du corps de Hohenlohe, 26 bataillons, 39 escadrons et 9 batteries, dont 3 à cheval, se trouvait le 14 au matin campé près de Kapellendorf; un détachement observait le ravin de Schwabhausen (Schwabhauser-Grund). L'avant-garde, commandée par Tauentzien depuis la mort du prince Louis-Ferdinand et la retraite de Saalfeld et de Schleitz, et forte de 12 bataillons, 10 escadrons et 2 batteries, se trouvait en plusieurs détachements à Lutzerode, à Kloswitz et devant la forêt d'Iserstadt. A la gauche de cette avant-garde se liait le détachement du général Holzendorf, fort de 5 bataillons, 18 escadrons et 2 batteries et demie, et cantonné dans les villages au nord de Kloswitz jusqu'à Wormstadt (entre Apolda et Kambourg); ce détachement observait le voisinage de Kambourg et de Dornbourg. La force totale des troupes de Hohenlohe s'élevait à 40,000 hommes environ.

Quand le jour se leva, un brouillard épais enveloppait les armées, empêchant qu'aucun des deux partis pût juger ni des mouvements, ni de la position, ni des forces de son adversaire. Même pour une armée complètement rangée et prête au combat, cette circonstance est toujours fâcheuse, incommode et sujette à faire naître toutes sortes de méprises et d'erreurs; aussi est-il aisé à concevoir qu'elle dut être fatale à l'armée prusienne qui, déshabituée de la guerre par une longue paix, se vit assaillie par un ennemi aguerri et entraînée dans une bataille décisive, avant même qu'une disposition convenable eût été prise pour le combat. Il semble du reste que Napoléon lui-même eût volontiers différé encore quelques heures le commencement de l'attaque, non seulement pour faire arriver plus de troupes, mais aussi pour combattre au grand jour; mais les troupes avancées ayant ouvert le combat, les deux armées y furent engagées successivement, et le brouillard servit bien les Français à Iéna comme à Auerstedt, en ce qu'il permit au maréchal Davoust de tromper avec son corps l'armée prussienne et de la vaincre à la faveur de cette erreur. A Iéna, il est certain que la clarté d'un jour pur n'eût pas donné la victoire à l'armée prussienne; mais peut-être aurait-elle échappé à un désastre si complet.

Au point du jour, le combat commença entre les troupes avancées du corps de Tauentzien et le corps du maréchal Lannes. Après un vif engagement, les 12 bataillons prussiens, avec 10 escadrons et 2 batteries, furent repoussés par les 20 bataillons français, avec 9 escadrons, sur Vierzehnheiligen; les Français lançaient au-devant des bataillons prussiens, rangés en bataille, des nuées de tirailleurs qui suivaient leur bataillons, partie déployés, partie en colonne. Une artillerie supérieure appuya leur attaque; quant à leur cavalerie elle se montra à peine. La cavalerie prussienne était placée en seconde ligne, pour couvrir l'artillerie; pendant que ce corps se retirait sur Vierzehnheiligen, il perdit presque toute son artillerie; une batterie à cheval, entre autres, resta couchée dans un fossé; les rapports français parlent de 22 bouches à feu. Ce premier acte du drame finit entre 8 et 9 heures du matin.

Pendant que Tauentzien était ainsi refoulé, le général Holzendorf avait concentré son détachement à Rœdgen (5 bataillons et 14 escadrons), sauf 4 escadrons qui avaient été poussés en avant sur Dornbourg. Le général Grawert avait fait sortir sa division du camp de Kapellendorf, et la dirigeait sur Vierzehnheiligen. Le prince de Hohenlohe, soit qu'il fût trompé par de faux renseignements, soit qu'il manquât du moins de nouvelles exactes, soit enfin qu'il eût l'esprit occupé par quelqu'une des préventions qui avaient alors cours dans l'armée, s'imaginait qu'il ne serait pas sérieusement attaqué ce jour-là; le matin même il avait annoncé qu'il avait l'intention de donner un jour de repos aux troupes saxonnes. Néanmoins Grawert le décida à approuver et à lui faire continuer sa marche sur Vierzehnheiligen; Holzendorf reçut l'ordre de laisser à Rœdgen un détachement de 400 hommes, pour observer Dornbourg, et de se mettre en marche par sa droite avec le reste de son détachement pour soutenir Tauentzien et prendre en flanc le corps ennemi qui avait attaqué ce général. Mais l'exécution de cet ordre fut complètement déjouée, le détachement de Holzendorf ayant donné sur l'ennemi un moment après avoir quitté Rœdgen et s'étant vu forcé, après un court engagement avec une partie du corps du Soult (4 régiments d'infanterie et 1 brigade de cavalerie), de se replier au nord, dans la direction de Stobra, sur la route de Dornbourg à Weimar. Pendant cette retraite, la cavalerie française chargea un régiment de dragons saxons, au moment où il passait de l'ordre en bataille à l'ordre en colonne pour se replier, et le maltraita rudement, malgré sa courageuse résistance. Holzendorf se retira à Stobra où il tint bon pendant quelques heures; mais ensuite, menacé par le corps du prince de Ponte-Corvo qui marchait sur Apolda, il retrograda jusqu'à Buttelstedt, et son détachement ne prit plus dès lors aucune part à la bataille. Le corps principal, composé de la division Grawert et de la brigade saxonne de Dyhrn (ensemble 21 bataillons et 30 et quelques escadrons), continua sa marche sur Vierzehnheiligen; 5 bataillons et 5 escadrons se portèrent du côté de la chausée qui va d'Iéna à Weimar. Les Français, de leur côté, suivirent aussi le mouvement de Tauentzien dans la direction de Vierzehnheiligen; Ney, a la tête de l'avant-garde de son corps (3 bataillons et 6 escadrons; 3,200 hommes), marcha droit à ce village, y pénétra et le fit immédiatement occuper. La brigade de cavalerie du corps de Ney, commandée par le général Colbert, chargea une batterie qui était occupée à se déployer sur la gauche du village, et s'en empara après avoir culbuté quelques escadrons prussiens. Mais la cavalerie prussienne accourut, et repoussa les Français ; la cavalerie du corps de Lannes reçut celle de Ney, et chargea à son tour la cavalerie ennemie ; mais, repoussée en désordre, elle fut poursuivie jusque près de son infanterie qui se forma en carrés (1). Ce

(1) Voyez: Bericht eines Augenzeugen über den Feldzug von 1806, par R. v. L. (Rapport d'un témoin oculaire de la campagne de 1806, par R. de L. (Rühle de Lilienstein), pages 180 à 183, vol. I.

combat fut livré par les régiments de Henkel cuirassiers, de Prittwitz dragons et par un régiment de dragons saxons (probablement celui du prince Albert) ; ils appartenaient, d'après les dispositions de l'ordre de bataille, à des divisions et à des brigades différentes, et ne formaient pas non plus, dans cette occasion, un tout organique, n'ayant été engagés, l'un après l'autre, que par un effet du hasard et non par une disposition prise à l'avance. Aussi nous passons sous silence les détails de cet engagement.

Les progrès de l'ennemi s'étaient arrêtés ; plusieurs fois il fit des mouvements rétrogrades, mais en conservant toujours le village de Vierzehnheiligen. Le feu des tirailleurs postés dans ce village, et de ceux qui étaient répandus entre ce point et la forêt d'Iserstedt, incommodèrent beaucoup les bataillons ennemis. Il était près de midi, et le soleil avait dissipé le brouillard. Jusque-là Hohenlohe n'avait encore eu à combattre que le corps de Lannes et une partie de celui de Ney ; il lui était encore possible de s'en débarrasser avant l'arrivée de la garde, avant que Soult, après en avoir fini avec le détachement de Holzendorf, ne revînt sur le corps principal des Prussiens, avant que le corps d'Augereau qui s'avançait par la vallée de la Mühl n'eût franchi les défilés, avant que la cavalerie de réserve ne rejoignît l'armée, en un mot, avant que l'ennemi ne déployât sa supériorité numérique. On conseilla au prince de donner le commandement de la ligne au général Grawert et de se précipiter lui-même sur l'ennemi à la tête de la cavalerie. Le cas qu'on pût faire une attaque avec plusieurs régiments de cavalerie réunis avait été si peu prévu, que le prince aurait été obligé ou de se mettre lui-même à leur tête, ou de nommer un commandant général de la cavalerie au moment de faire sonner la charge ; voilà comment, exclusivement préoccupé de la combinaison des différentes armes, on avait entièrement perdu de vue le but principal de la cavalerie. Au moment où il était question de l'attaque de cavalerie, le prince de Hohenlohe reçut du général Zeschwitz l'avis que du haut de la Schnecke on voyait à la vérité quelques troupes françaises se retirer, mais que de fortes colonnes s'avançaient de Kloswitz et de Kospoda dans la direction de Vierzehnheiligen et de la forêt d'Iserstedt ; en même temps, le feu qu'on avait entendu jusqu'alors dans la direction de Rœdgen, s'éteignait après s'être éloigné peu-à-peu. Le corps du général Rüchel était encore trop loin. Ce général, qui n'était point d'après la distribution de l'armée sous les ordres de Hohenlohe, lui avait fait offrir, à plusieurs reprises, de venir à son secours ; mais le prince ne voulait accepter son offre qu'à la dernière extrémité, afin de ne pas disposer d'un corps qui devait servir de réserve à l'armée principale comme à la sienne, et de ne pas avoir l'air de transgresser ses pouvoirs. Or, comme il ne croyait point être sérieusement attaqué le 14, le général Rüchel ne reçut avis de l'état des affaires que lorsqu'elles étaient déjà fort compromises. Après le corps de Rüchel, il n'y avait pas d'autre réserve ; quant au détachement de Holzendorf, on devait le croire battu. On renonça donc à l'idée de faire une attaque avec la cavalerie, et on résolut de se maintenir jusqu'à l'arrivée de Rüchel dans la position qu'on occupait, et de chasser l'ennemi du village en y mettant le feu. Le général Zeschwitz reçut l'ordre de se maintenir sur la Schnecke et d'assurer ainsi la droite.

Cependant le court instant où le sort de la bataille semblait se balancer en équilibre, s'était rapidement écoulé. Vers une heure arriva la division Desjardins, du corps d'Augereau, et fut dirigée sur Iserstedt, contre le flanc droit du prince de Hohenlohe; la division Heudelet, du même corps, se porta sur la Schnecke et gravit cette hauteur sans éprouver de résistance sérieuse; le corps du maréchal Soult, complètement libre de ses mouvements depuis la retraite de Holzendorf, attaqua l'aile gauche du prince, pendant que Lannes et Ney l'attaquaient de front. A trois heures, après un combat très vif, le corps de Hohenlohe fut vaincu et rejeté sur Kapellendorf; plusieurs régiments avaient perdu la moitié de leur monde et plus de la moitié de leurs officiers. La défaite de ce corps était complète lorsqu'arriva le général Rüchel qui, n'étant parti de Weimar qu'à 11 heures, n'avait pu, quelque diligence qu'il fît, arriver plus tôt; à peine ses troupes se furent-elles déployées et eurent-elles commencé l'attaque du Sperlingsberg près de Kapellendorf, qu'elles furent saluées d'un feu concentrique à mitraille, chargées de tous côtés par un ennemi infiniment supérieur, culbutées et écrasées; le général lui-même fut blessé.

Lors de l'attaque générale des Français contre le corps de Hohenlohe à Vierzehnheiligen, quelques régiments de cavalerie prussienne et saxonne trouvèrent l'occasion de charger l'ennemi; ainsi, par exemple, quelques escadrons de hussards saxons culbutèrent un régiment français; un autre régiment de chasseurs français, qui s'était très hardiment avancé derrière les Prussiens fut presque détruit par une charge de 2 escadrons de Henkel cuirassiers et de 2 escadrons de dragons saxons. Mais ces petits succès partiels n'eurent aucun résultat pour l'ensemble de la bataille.

et l'on ne sut tirer aucun parti décisif de la belle cavalerie saxo-prussienne.

Ce ne fut qu'à 2 heures et demie que la tête de la cavalerie française de réserve arriva près d'Iéna, venant de Naumbourg. La division de dragons du général Klein et un régiment de cuirassiers se portèrent aussitôt contre l'aile droite des Prussiens ; le général Zeschwitz les attaqua avec quelques régiments saxons et les repoussa ; mais la division Heudelet ayant occupé le mont Schnecke après un combat insignifiant et le corps de Hohenlohe étant déjà battu sans ressource, le succès de cette charge ne servit qu'à sauver la cavalerie prussienne et saxonne de cette aile, tandis que l'infanterie saxonne et un bataillon de fusiliers prussiens, poursuivis par la cavalerie française, furent atteints, chargés, en partie sabrés et presque tout le reste fait prisonnier entre Iserstedt et Schwabhausen. Si toute la cavalerie du grand-duc de Berg était arrivée à temps, la perte de l'ennemi eût été bien plus considérable ; mais son absence fut de peu de profit pour l'armée battue ; ce qui n'avait pas succombé au fer de l'ennemi, périt dans l'épouvantable désordre qui signala cette retraite, changée bientôt en un sauve-qui-peut complet. La nouvelle de la défaite de l'armée principale, qui se répandit avec force additions et exagérations, acheva de faire perdre aux troupes de Hohenlohe ce qui leur restait de raison et mit le comble au découragement et à la confusion. La bataille, commencée le matin à Kloswitz, finit le soir au bois de Webicht, devant Weimar ; le régiment Wobeser dragons, quelques escadrons de Gettkandt hussards, le régiment Treuenfels infanterie et un bataillon de fusiliers furent les dernières troupes qui se battirent et arrêtèrent l'ennemi. Pendant la nuit, la retraite continua sur Buttelstedt, Erfurt et Sœmmerda.

Bataille d'Auerstedt.

(14 octobre.)

D'après les dispositions dont nous avons précédemment indiqué les principaux points, l'armée prussienne principale se porta, le 13, de Weimar à Auerstedt; elle se composait, y compris la réserve commandée par le général Kalkreuth, de 51 bataillons, 70 escadrons et 17 batteries dont 5 à cheval. Ces forces étaient réparties en 5 divisions, dont 3, de 11 bataillons et 15 escadrons, formaient le corps de bataille; les deux autres, l'une de 10 bataillons et 15 escadrons, l'autre de 8 bataillons et 10 escadrons formaient la réserve. L'avant-garde, formée par le détachement du duc de Weimar, était séparée de l'armée. Pendant la marche sur Auerstedt, la division Schmettau avait formé la tête; on décida qu'une nouvelle avant-garde serait formée sous les ordres de Blücher, et composée de 3 bataillons de fusiliers, des chasseurs de Weimar, de la cavalerie de la division Schmettau, de 10 escadrons de la réserve (régiment de la reine) et d'une batterie à cheval.

Le 14, l'armée devait continuer son mouvement sur Freibourg. La division Schmettau arriva à Auerstedt le 13 vers six heures du soir, et bivouaqua entre cet endroit et Gernstedt, où étaient les avant-postes. Assurément on commit une grande faute en négligeant, sinon de faire marcher jusque vers Kœsen toute la division, au moins d'y pousser une avant-garde et de faire aller jusqu'à l'ennemi des patrouilles par lesquelles on aurait su combien il se trouvait rapproché. Ce qui explique une faute aussi grave, c'est surtout que l'avant-garde ne fut formée qu'au moment où on en eut absolument besoin ; sa formation, il est vrai, était arrêtée dès le 11, mais on ne croyait pas le danger si imminent, et le 14 au matin on donna l'ordre à la division Schmettau de se porter sur Kœsen, à la deuxième et à la troisième division de passer derrière elle pour se diriger sur Freibourg, et à la réserve de marcher par sa gauche du côté de l'Unstrut, en passant par Eckartsberge et Laucha. A six heures du matin, les troupes se mirent en mouvement ; la division Schmettau eut à peine marché un quart d'heure que sa tête (600 chevaux soutenus par un bataillon et quelques tirailleurs) donna sur l'ennemi. La deuxième division (Wartensleben) défila à travers Auerstedt; mais le passage du ruisseau (l'Emsbach) qui traverse cet endroit et n'a point de pont praticable aux voitures, occasionna un assez grand désordre, augmenté par un pêle-mêle de bagages et de chevaux de main et par les troupes destinées à faire l'avant-garde, qui s'efforçaient dans la presse de gagner les devants. Cet obstacle fit naître dans cette division et dans la suivante (prince d'Orange) une telle confusion qu'il fallut beaucoup de temps, malgré les plus grands efforts, pour reformer les troupes et les remettre en état d'être conduites au feu.

L'armée avait passé la nuit d'une manière détestable et presque sans vivres, préambule peu propre, la veille d'une bataille, à faire oublier dans les élans d'un enthousiasme de bon augure les privations et les fatigues qui ont précédé le jour décisif. Néanmoins les troupes, en allant au feu, se montrèrent pleines de bonne volonté et saluèrent le roi de leurs vivats lorsqu'elles l'aperçurent pendant leur marche.

Le 13 au soir, le maréchal Davoust avait reconnu, du haut du Kœsner-Berg (montagne de Kœsen), la marche de la division Schmettau ; il avait sur-le-champ fait occuper Kœsen par un détachement, et s'était ébranlé le 14 au matin avec son corps d'armée, partant de Naumbourg et de Neu-Flemmingen pour attaquer l'ennemi de l'autre côté du défilé de Kœsen, comme l'empereur le lui avait ordonné. A six heures du matin, la division Gudin avait déjà franchi le défilé et marchait sur Hassenhausen, où elle donna sur la tête de l'avant-garde prussienne. Les autres divisions la suivirent; la force totale du corps de Davoust était de 27,000 hommes d'infanterie et 1,000 chevaux. Le grand-duc de Berg, qui se trouvait également à Naumbourg le 13, avait reçu l'ordre de se porter sur Iéna avec tout ce qu'il aurait près de lui de son corps de cavalerie; c'est pourquoi il refusa de laisser à Davoust une division de dragons, comme celui-ci le demandait. Ce maréchal, du reste, fut adresse à cet effet au prince de Ponte-Corvo; mais celui-ci, au lieu de le soutenir, marcha sur Apolda. Les bruits qui coururent alors attribuaient cette singulière démarche à une mésintelligence entre ces deux généraux, et les auteurs des *Victoires, conquêtes*, etc., l'expliquent « par un *oubli du métier*; bien étrange chez un « homme qui avait déjà eu de grands commandements, « et en qui on reconnaissait une grande activité et beau- « coup de sagacité militaire. »

La cavalerie du général Blücher mit en fuite le peu de cavalerie ennemie qu'elle rencontra, et se mit en bataille devant le village de Hassenhausen. Deux escadrons du régiment de la Reine et une batterie à cheval suivirent l'ennemi jusque derrière le village où ils reçurent tout-à-coup une volée de mitraille, sans voir ce qui était devant eux ou à côté, tant le brouillard était épais Dans le désordre, ces troupes perdirent quelques pièces de canon; les deux escadrons revinrent avec le reste de la batterie; l'ennemi se porta en avant, occupa Hassenhausen, s'étendit des deux côtés du village, ouvrit un feu bien nourri d'artillerie et de mousqueterie et fit beaucoup de mal à la division Schmettau, qui, sur ces entrefaites, s'était formée entre Tauchwitz et Hassenhausen. Ne pouvant voir l'ennemi assez complètement pour apprécier sa force, on ne voulut point encore l'attaquer, et on attendit l'arrivée des autres divisions, retenues par les contretemps précédemment expliqués; de la sorte la division Schmettau resta exposée sous un feu meurtrier. Blücher, avec les 25 escadrons placés sous son commandement, fit une tentative contre l'aile droite de l'ennemi en marchant de Spielberg sur Hassenhausen; mais la cavalerie ennemie évita le choc, et l'infanterie, formée en carrés et bien soutenue par l'artillerie, tint bon. Plusieurs attaques successives échouèrent ainsi. Si l'on avait amené quelque artillerie à cheval, chargée de préparer l'attaque de la cavalerie, et qu'en même temps ont eût lancé l'infanterie contre Hassenhausen, l'ennemi aurait probablement été battu; mais pendant qu'on le croyait trop fort, il le devint réellement, et tout le corps français se trouvait déjà à Hassenhausen quand la division Wartensleben arriva sur la droite de celle de Schmettau. Le régiment Irwing dragons, qui faisait partie de cette division, la précédait; quand il approcha de Rehhausen, les tirailleurs français se replièrent sur

Hassenhausen et formèrent un bataillon carré; mais les dragons, s'élançant à la charge, enfoncèrent le carré, en sabrèrent une partie et firent bon nombre de prisonniers. Ce fait d'armes couta au régiment neuf officiers et un nombre proportionné de soldats, preuve que les Français s'étaient défendus en braves. L'attaque avait été soutenue par le régiment Quitzow.

On résolut de s'emparer du village de Hassenhausen, mais avant qu'on effectuât cette attaque, la droite des Français, après avoir repoussé les attaques de Bülcher, s'avançait contre la division Schmettau. Leur cavalerie chargea les deux bataillons qui en formaient la gauche; mais ceux-ci la repoussèrent et purent se replier sans perte sur Tauchwitz; toute la division Schmettau, qui jusqu'alors était restée sur la gauche de la chaussée et faisant face à Hassenhausen, rétrograda devant l'attaque de l'ennemi, de manière que sa gauche se trouva près de Tauchwitz tandis que la droite se liait à la division Wartensleben. Les tirailleurs français tournèrent la gauche des Prussiens et poussèrent jusqu'à Poppel.

Pendant qu'on préparait l'attaque sur Hassenhausen, le duc de Brunswick avait été blessé; le général comte Schmettau reçut, presque au même moment, une blessure mortelle; le comte Wartensleben eut son cheval tué sous lui. Les bataillons commençaient à s'éclaircir; le feu de l'ennemi enlevait beaucoup de monde, et le transport des blessés encore davantage. Le combat avait déjà un fâcheux aspect lorsqu'arriva la division du prince d'Orange, dont une brigade (Lützow) s'avança par Rehhausen et l'autre (prince Henri) par Poppel. Ce renfort étant arrivé, on marcha encore une fois à l'attaque de Hassenhausen. Cependant l'aile gauche des Français (division Gudin) s'étendait jusqu'à Spielberg et y mettait en batterie douze pièces de canon qui ouvrirent un feu bien nourri contre la gauche des Prussiens; les tirailleurs poussèrent jusqu'à Tauchwitz, derrière la brigade du prince Henri, qui venait de les chasser de ce même endroit. Il était onze heures du matin.

Le prince Guillaume était arrivé pendant ce temps à Neusalza, sur la droite des Prussiens, avec le régiment de carabiniers d'élite qui faisait partie de la brigade de cavalerie jointe à la division du prince d'Orange. Cette brigade ayant été séparée pendant sa marche, le prince avait pris les devants, et à son arrivée on lui annonça que l'ennemi gagnait de plus en plus du terrain et qu'il semblait nécessaire d'arrêter ses progrès par une attaque de cavalerie. Ayant devant lui la division Morand, le prince se mit, sans hésiter, à la tête de quelques escadrons du régiment de Blücher hussards et fit sonner la charge. A l'approche de cette cavalerie, les bataillons de la gauche des Français se formèrent en carrés, et l'attaque fut repoussée. Le cheval du prince y fut tué; lui-même, blessé par sa chute, fut emporté après avoir ordonné au régiment de carabiniers, qui avait rejoint pendant ce temps, de rallier les hussards et de recommencer l'attaque. Elle n'eut pas plus de succès cette fois, et la cavalerie prussienne, reçue par un feu bien nourri et fortement maltraitée, se retira avec une perte considérable. Alors l'infanterie commença également à se retirer sur Rehhausen. Blücher proposa de faire avancer la réserve et de renouveler le combat; il offrit de réunir toute la cavalerie et de faire une attaque générale. On approuva son idée; mais avant qu'on eût fait la moindre disposition pour la réaliser, on changea d'avis. Comme aucune nouvelle n'était arrivée du corps de Hohenlohe, et qu'on croyait avoir affaire au gros des forces françaises, on jugea plus convenable de concentrer d'abord toute l'armée prussienne et d'attendre le lendemain pour renouveler la lutte avec ses forces doublées. On ordonna donc une retraite générale : la réserve, commandée par Kalkreuth, devait couvrir cette retraite et former ensuite l'arrière-garde pendant que les troupes marcheraient sur Weimar. Conformément à cet ordre, la réserve se mit en bataille entre Lisdorf, Gernstedt et Auerstedt; les trois divisions qui jusqu'alors avaient été au feu, se retirèrent à travers la position de la réserve qui ensuite se replia à son tour, la division Arnim par Eckartsberge et la division Kunheim par Auersted; la cavalerie de Blücher se rangea au pied de la hauteur d'Auerstedt, traversa ensuite ce village, fit encore une fois face à l'ennemi sur le chemin de Ranstedt et suivit après cela la retraite de l'armée qui devait d'abord s'effectuer dans la direction de Weimar, mais qui se fit sur Buttelstedt et Sommerda, lorsqu'on eut reçu la nouvelle de la déroute d'Iéna. L'ennemi ne suivit les Prussiens que jusqu'à Auerstedt et Eckartsberge. La bataille avait coûté aux Prussiens environ 5,000 hommes et plus de 300 officiers; la réserve avait fait peu de pertes, mais le désordre d'une retraite nocturne et précipitée où se confondirent pêle-mêle les débris des deux armées en déroute, leur fit bien plus de mal encore que la bataille elle-même.

Si, laissant de côté les questions stratégiques qui touchent à l'ouverture et à la conduite de toute la campagne, nous nous attachons spécialement à examiner l'emploi de la cavalerie sur le champ de bataille, nous y trouvons la matière de quelques observations qui peuvent expliquer pourquoi la cavalerie prussienne, quoique supérieure à celle des Français, ne s'est signalée dans les batailles d'Iéna et d'Auerstedt par aucun fait d'armes de la moindre importance.

D'abord, en ce qui concerne la bataille d'Iéna, le corps saxo-prussien qui la livra s'y trouvait *a priori* dans une situation difficile et désavantageuse en face d'un ennemi supérieur. Ce qui manquait à celui-ci en cavalerie, il y suppléait largement par une nombreuse et brave infanterie. Ce que la cavalerie prussienne aurait pu faire de mieux eût été probablement de repousser le corps de Lannes et l'avant-garde de celui de Ney, et de tenir ces troupes en respect pour dégager le prince de Hohenlohe et lui permettre de terminer le combat. C'était là certainement une chose possible, même en admettant que chaque bataillon eût tenu comme une *redoute de granit*. La cavalerie et l'artillerie prussiennes, sans les forcer à la retraite, auraient pu du moins les arrêter, et l'armée prussienne eût eu le temps de passer l'Ilm sans perte notable. Du reste il est certain qu'une retraite heureuse de l'autre côté de l'Ilm, ni même un combat avantageux, n'eussent point tiré le prince de Hohenlohe de sa mauvaise position, mais l'auraient du moins considérablement améliorée.

Quant à la bataille d'Auerstedt, le duc de Brunswick aurait certainement pu la gagner s'il avait su profiter de l'avantage que lui donnait sur le corps de Davoust la supériorité du nombre, pour l'attaquer en force et avec vigueur. Quelques avantages que la manière de combattre des Français leur donnât sur les Prussiens déshabitués de la guerre, il n'était point nécessaire dans cette circonstance de rien changer à l'ancien réglement. Pour vaincre on n'avait qu'à mettre en pratique l'ancienne méthode de Pirmasens et Lautern, ou mieux encore celle de 1757. Le feu des tirailleurs ennemis ne pouvait jamais être plus meurtrier qu'étant reçu par des bataillons immobiles et compactes. On a si souvent argué de la supériorité de la nouvelle tactique française sur la vieille tactique prussienne, comme d'une des causes les plus décisives des défaites de 1806, que nous nous permettrons une observation à ce sujet. A la guerre, comme dans la paix, dans les choses militaires comme dans mille autres, il s'agit bien moins de demander de nouveaux réglements et de nouvelles institutions que d'observer convenablement les anciens, d'en saisir le véritable sens et de suppléer par l'intelligence et la vigueur dans l'exécution à ce qu'il pouvait y avoir de défectueux dans la forme : avec cette méthode on obtiendrait certainement un meilleur résultat, que par la méthode inverse qui ne tendrait qu'à rafraîchir par des formes nouvelles et un badigeon moderne une vie décrépite.

Si, en arrivant le 13 octobre à Auerstedt, on avait poussé en avant jusqu'à Kœsen, comme on l'eût fait suivant l'ancienne méthode, on aurait appris que l'ennemi était à proximité; le sachant, rien n'eût été plus naturel que de compter sur la possibilité et la probabilité d'un combat et de se préparer à marcher le lendemain dans l'ordre convenable. Pour cela il eût suffi de quelques dispositions très simples, afin de préparer aux troupes les moyens de défiler par Auerstedt ou sur les côtés, et pour empêcher ainsi le retard si désastreux qui arrêta leur marche (1). Si l'armée était arrivée devant Hassenhausen en ordre de combat, la division Schmettau, immédiatement suivie par les deux autres divisions en bon ordre, aurait pu sans hésiter attaquer le village : cette attaque aurait probablement donné aux choses une tournure toute différente, qui eût aussi permis à la cavalerie de jouer un autre rôle. Quelqu'un qui examinerait le plan de la bataille sans penser que les circonstances les plus fâcheuses s'accumulèrent pour en amener le déplorable résultat, ne comprendrait point qu'une cavalerie de 50 escadrons n'ait pas même servi à empêcher les Prussiens d'être débordés par un ennemi inférieur en nombre. Mais en observant bien la marche de la bataille on peut se convaincre que, malgré la supériorité numérique de l'armée prussienne, les Français lui furent réellement supérieurs dans le combat, grâce à l'entente parfaite qui présida à l'emploi de leurs forces : la réserve prussienne ne fut engagée que lorsque le résultat n'était plus douteux, et les trois divisions prussiennes, engagées l'une après l'autre, n'étaient guère plus fortes que les trois divisions françaises.

La journée du 14 octobre fut une des plus glorieuses pour l'armée française, tant par la bravoure que déployèrent les troupes que par la vigueur et l'intelligence

(1) Napoléon fit travailler pendant toute la nuit pour préparer à son armée le débouché de la vallée d'Iéna. Frédéric II connaissait très bien ces dispositions et en prit fréquemment de semblables, comme le prouvent, par exemple, les préparatifs de la bataille de Hohenfriedberg et de plusieurs autres.

dont les généraux firent preuve dans l'exercice du commandement. Le corps de Davoust rendit à l'Empereur un service signalé et lui procura un avantage immense. S'il eût été battu, on n'aurait pas manqué de blâmer la contre-marche que la cavalerie de réserve dut exécuter de Naumbourg sur Iéna, et il est douteux que Napoléon lui-même eût ordonné cette mesure, s'il avait connu d'une manière exacte la marche des deux corps prussiens. Quant au prince de Ponte-Corvo, il est difficile, sans connaître parfaitement les ordres qui lui furent donnés, de juger comment il se serait justifié dans le cas où Davoust eût essuyé un échec.

Nous passons sous silence le reste de cette campagne. La cavalerie du corps de Blücher, pendant sa retraite sur Lubeck, soutint avec honneur quelques engagements; mais le désastre était trop complet pour que ces faits d'armes partiels pussent avoir le moindre résultat. La cavalerie du corps de Hohenlohe fut livrée à l'ennemi par la honteuse capitulation de Prenzlau. Cette capitulation n'a pas plus de portée au point de vue de la tactique de la cavalerie, que la reddition de Magdebourg, de Stettin et de Kustrin n'en a pour l'art de la fortification ou la science des ingénieurs. Sans aucun doute ce fut un triomphe glorieux pour la cavalerie française que d'avoir à elle seule obligé le corps de Hohenlohe à capituler : car il est parfaitement prouvé qu'au moment où la capitulation fut conclue il n'y avait pas un peloton d'infanterie française sur le terrain. Le combat fut livré par la brigade de cavalerie légère du général Lasalle à qui Stettin se rendit le lendemain, par les divisions de dragons Grouchy et Beaumont et par 10 pièces d'artillerie à cheval; chez les Prussiens on avait tellement perdu la tête que certain personnage ne savait même pas sur quelle rive de l'Uker il se trouvait. Certainement il leur eût été possible d'atteindre l'Oder.

Bien qu'on ne puisse regarder la capitulation de Prenzlau comme une conséquence nécessaire et inévitable des dispositions de l'ennemi, il n'en faut pas moins convenir que la conduite du grand-duc de Berg dans cette circonstance fut un modèle d'activité et d'audace. Si, au lieu de poursuivre l'ennemi sans relâche comme il le fit, il avait craint de fatiguer les chevaux, ou s'il s'était contenté d'un demi-succès, le corps prussien aurait gagné Stettin et cette place se serait défendue; Blücher n'aurait probablement pas été jeté sur Lubeck et la marche triomphale de Napoléon se serait peut-être arrêtée sur l'Oder, tandis que rien ne l'arrêta jusqu'à la Vistule, où il trouva un nouvel appui dans l'insurrection des Polonais. Déjà, après la bataille d'Iéna, Napoléon avait déclaré que sa cavalerie n'avait point de rivale : l'œuvre qu'elle avait commencée dans cette journée, elle l'acheva à Prenzlau par un succès qui réellement n'a peut-être point d'égal.

CHAPITRE III.

Campagne de 1806 et 1807 en Prusse et en Pologne.

Vers le milieu du mois de novembre 1806, un mois après les batailles d'Iéna et d'Auerstedt, les premières troupes de la grande armée française atteignaient les rives de la Vistule. Toute l'armée que la Prusse avait mise en campagne, était anéantie à quelques faibles débris près : les places les plus importantes avaient été rendues presque sans résistance. Les pays que les Français avaient traversés jusque-là en vainqueurs, se soumettaient avec résignation à la puissance du conquérant; les provinces polonaises, qu'ils foulèrent alors, les reçurent avec acclamation, saluant en eux les protecteurs d'une insurrection que dès longtemps les Polonais appelaient de leurs vœux. Après avoir pénétré sans obstacle depuis Lubeck et Prenzlau jusqu'au cœur de la monarchie prussienne, les Français ne rencontrèrent quelque résistance qu'en Poméranie, en Silésie et par-delà la Vistule.

Nous n'envisagerons d'abord que les évènements dont

la Prusse était alors le théâtre. Tandis que les Français s'avançaient par ce pays vers la rive gauche de la Vistule, il s'était formé sur la rive droite une nouvelle armée, composée des troupes prussiennes des inspections de la Prusse Orientale et d'une partie de celles de Varsovie, d'environ 2,000 hommes de cavalerie, reste de l'armée qui avait succombé en Saxe, et d'un corps auxiliaire russe, qui avait franchi le 1er novembre la frontière de Prusse, après avoir été destiné d'abord à se porter en Silésie.

La force de cette armée était de 18 bataillons, 74 escadrons, 10 batteries de Prussiens, formant un corps d'environ 18,000 hommes, et de 78 bat., 125 esc., 12 batteries de Russes, formant un total d'environ 54,000 hommes; le tout ensemble portait l'armée à 72,000 hommes à peu près. En outre il y avait une forte garnison à Dantzig, une autre plus faible à Graudenz. Un second corps russe, de 78 bat., 100 esc. et 12 batteries, s'avançait de l'intérieur de la Russie, pour rallier le premier, mais il n'était que de 36,000 hommes. Le quartier-général des Russes était à Pultusk; le général l'Estocq, commandant du corps prussien, avait le sien à Thorn.

Une garnison combinée prussienne et russe occupait Varsovie; un détachement de cavalerie était poussé en avant, sur la Bzura. Les Russes bordèrent la Vistule de Varsovie à Plozk, où ils se liaient aux Prussiens, qui avaient leurs postes jusque vers Dantzig. Le gros du corps prussien était entre Thorn, Soldau et Saalfeld.

La supériorité numérique de l'ennemi, qui s'avançait avec 200,000 hommes, l'étendue de la ligne fluviale entre Varsovie et Dantzig, les circonstances extrêmement défavorables où l'on se trouvait en Pologne, ne pouvaient permettre de songer à une défense complète du cours de la Vistule sur tous les points ; mais on ne défendit pas même les points qu'on eût pu considérer comme les plus importants, et dont il eût fallu disputer sérieusement la possession.

Le 26 novembre l'avant-garde du maréchal Davoust et du grand-duc de Berg rencontra à Blonie le détachement qu'on y avait porté de Varsovie. Celui-ci se replia par Varsovie sur Praga; la garnison prussienne le suivit, et, le 29 novembre, les deux corps français firent leur entrée dans la capitale de la Pologne. La division russe qui occupait sur ce point la rive droite de la Vistule, quitta son poste dans les premiers jours après cet évènement, parce qu'on craignit que les Français, en dépit de la neutralité de l'Autriche, ne tournassent la position en passant par la Galicie, comme ils avaient, en 1805, traversé Anspach. Le 3 décembre, le général Bennigsen renonça complètement à défendre le fleuve, donnant l'ordre à toutes ses troupes de se retirer derrière la Wrka et la Narew, et transportant à Ostrolenka son quartier-général. Le général l'Estocq reçut également ordre d'abandonner Thorn, qu'il évacua dans la nuit du 3 au 4 décembre, se repliant sur Strasbourg et Lautenbourg.

L'ennemi franchit aussitôt le fleuve, se porta en avant sur la rive droite et assura ses points de passage. A peine cette opération terminée, le général Bennigsen revint sur Pultusk, et ordonna à l'Estocq de retourner également à Thorn. Mais on ne put ni reprendre cette ville importante qu'on venait d'abandonner, ni redevenir maître de Modlin, comme on s'en flattait au quartier-général russe : après une tentative infructueuse pour arracher à l'ennemi ce qu'on lui avait livré sans résistance, le corps russe retourna à Pultusk, et le corps prussien à Lautenbourg; les avant-postes russes restèrent sur la Wrka (1). Le corps du général Buxhœvden opéra sa jonction avec celui de Bennigsen, et le maréchal Kamenski prit le commandement général de l'armée; il arriva à Pultusk le 21 décembre. Après cette jonction l'armée alliée formait un total de 108,000 hommes composé de :

156 bat.	225 esc.	24 batteries,	90,000	Russes.
18 »	74 »	12 »	18,000	Prussiens.
174 bat.	299 esc.	36 batteries,	108,000	hommes.

dans ce nombre il y avait environ 30,000 cavaliers.

De même que pour les campagnes précédentes, nous n'avons point l'intention de faire l'histoire complète de la guerre, puisque nous ne devons nous occuper que des destinées et des exploits de la cavalerie. Mais, certains détails étant difficiles à bien saisir et à juger sans un coup d'œil sur l'ensemble, il serait à propos d'exposer ici en peu de mots la situation respective des deux armées, et comme il n'existe aucun ouvrage authentique complet sur cette campagne, il faudra que nous nous occupions dans ce chapitre, plus que dans aucun autre, de choses où la cavalerie n'entre que peu ou indirectement en ligne de compte.

(1) Ney était déjà dans Thorn. Dans un rapport à l'empereur (11 décembre) il se plaint de manquer de cavalerie, et, par suite, de renseignements suffisants sur l'ennemi. Il promet d'avancer dès que la division légère de Tilly l'aura rejoint.

La grande armée française se composait à cette époque des corps suivants :

La garde, commandée par le maréchal Bessières.
Le 1er corps d'armée, par le maréchal Bernadotte.
Le 3e — — — Davoust.
Le 4e — — — Soult.
Le 5e — — — Lannes.
Le 6e — — — Ney.
Le 7e — — — Augereau.
Le 8e — — — Mortier.
Le 9e — — Prince Jérôme.
La cavalerie de réserve sous le grand-duc de Berg (1).

Les 1er, 3e, 4e, 5e, 6e et 7e corps, ainsi que la garde, s'avançaient en Pologne et en Prusse, formant un total de 200,000 hommes, dont 20,000 hommes de cavalerie en 58 régiments, qu'on avait complétés autant que possible avec des chevaux saxons et prussiens. Plusieurs régiments de dragons entre autres, arrivés en Allemagne à pied, s'étaient entièrement remontés avec des chevaux pris sur l'ennemi ou réunis par voie de réquisition. On retrouve donc dans cette campagne ce qui dans les guerres modernes avait eu lieu souvent : l'armée française était de beaucoup supérieure à l'armée ennemie, quoique celle-ci eût une cavalerie plus nombreuse. Il faut donc se demander si les circonstances étaient telles que, du côté des Alliés, on pût espérer de compenser l'infériorité numérique par quelque autre avantage, et surtout, pour rentrer davan-

(1) Plus tard on forma un 10e corps qui fut commandé d'abord par Lefèvre, puis par Lannes.

tage dans notre sujet, si l'on pouvait espérer de lutter avec avantage contre un ennemi supérieur en faisant énergiquement usage de la supériorité spéciale de la cavalerie alliée.

L'armée française de 1806 et 1807 n'était plus cette armée neuve et inexpérimentée de 1792, 93 et 94, qui remporta sur les Alliés des triomphes si mal disputés. Elle était maintenant façonnée à la guerre, habituée à la victoire, commandée par un monarque guerrier, par des généraux éprouvés et des officiers capables. Malgré toute la bravoure et la bonté des troupes alliées, c'eût été une illusion impardonnable que de se promettre de faciles victoires sur un si redoutable adversaire. Cependant l'espérance de terminer le combat avec quelque avantage, n'était pas impossible à réaliser. Personne, pas même les plus impudents pamphlétaires, n'osa jamais accuser de lâcheté les défenseurs de Dantzig, de Graudenz, de Colberg, ni la petite troupe de Prussiens qui combattit dans les champs d'Eylau et de Heilsberg. Le courage des Russes fut proclamé même par les fiers vainqueurs d'Austerlitz et de Friedland. Or, l'avantage de la supériorité numérique s'arrête à de certaines limites, lorsqu'une armée est trop grande pour que le champ de bataille puisse la contenir, pour que les ordres du général en chef puissent en diriger tous les mouvements, ou lorsque le théâtre de la guerre s'étend tellement qu'il faut scinder l'armée en plusieurs armées, ou bien enfin, lorsque l'impossibilité de nourrir de trop nombreuses masses oblige à les diviser. L'avantage décisif que deux combattants ont sur un seul, ou 2000 contre 1000, décroît au-delà d'une certaine proportion de telle sorte que, dans certaines circonstances données, une armée de 200,000 hommes peut n'avoir aucune supériorité réelle et efficace sur une de 100,000. Il était donc dans l'ordre des choses possibles que de semblables circonstances se présentassent, qu'on fût à même de les amener d'un côté, sans que de l'autre on pût les éviter, et que par suite l'armée alliée, quoique moins nombreuse, fût égale, sinon même supérieure à l'armée française.

Nous n'avons point à détailler ici les mesures qu'on eût pu prendre dans ce but. D'ailleurs le peu de consistance de l'alliance russo-prussienne, l'absence d'un intérêt politique égal pour les deux puissances, la divergence de leurs vues, la difficulté de recruter l'armée et les circonstances locales si désavantageuses où elle se trouvait, enfin la mésintelligence qui régnait parmi les généraux russes, tout cela mit le comble à l'infériorité de l'armée russo-prussienne dès le commencement des opérations.

Les Alliés ayant renoncé à se reporter sur la Vistule, et les Français ayant franchi ce fleuve à Thorn, à Varsovie et sur plusieurs autres points entre ces deux villes, l'armée russe occupait le 18 décembre la position suivante :

Le quartier-général de Bennigsen était à Pultusk, où se trouvait la division du prince Galitzin. A Nasielsk, la division Ostermann-Tolstoy, ayant ses avant-postes à Czarnowo; à Lopatchin, la division Sacken; à Zbrosky la division Sędmorazki, avant-postes sur la Wrka et le Boug. Une division (Anrepp), du corps de Buxhœvden était à Popowo sur le Boug; les trois autres divisions du même corps à Ostrolenka.

Le 23, les Français passèrent la Wrka à Czarnowo, au confluent de la Wrka et de la Narew avec la Vistule, non loin de Modlin qui alors, comme on sait, n'était pas encore place-forte. Après une résistance vigoureuse, la division Ostermann abandonna sa position, et toutes les troupes avancées furent concentrées sur Nasielsk, d'où Bennigsen ramena son corps à Pultusk sur la Haute-Narew, tandis que Buxhœvden se portait d'Ostrolenka vers cette rivière. Les Russes, par suite de ces mouvements occupaient le 26 la position suivante :

Le corps de Bennigsen (moins 12 bataillons et 25 escadrons) à Pultusk : 66 bataillons, 95 escadrons, en tout 33,000 hommes d'infanterie et 7,600 chevaux.

Le prince Galitzin, avec 27 bataillons et 42 escadrons près de Golimin : 13,500 hommes d'infanterie et 3,360 chevaux.

Buxhœvden, avec 18 bataillons et 28 escadrons à Makow.

Le général Anrepp, avec 42 bataillons et 30 escadrons, à Popowo, sur la rive gauche de la Narew.

Le quartier-général du maréchal Kamenski était à Lomza.

L'armée française était distribuée comme il suit :

La garde, le 1er et le 6e corps (Bernadotte et Ney), entre Biezun et Saldau, à la poursuite du corps de l'Estocq, qui soutint un combat à Biezun, le 21 décembre, et un à Mlava, le 25.

Le 4e corps (maréchal Soult), en marche sur Cziechanow.

Le 7e corps (Augereau et Murat), à Golimin.

Le 3e corps (Davoust), entre Golimin et Pultusk.

Le 5e corps (Lannes), en marche sur Pultusk.

La cavalerie de réserve était répartie sur deux points : trois divisions sous le commandement de Bessières à

Biezun, la 4e division avec Murat lui-même à Golimin.

Le 26 décembre, le 5e corps attaqua les Russes à Pultusk.

Bataille de Pultusk.

26 décembre.

La bataille de Pultusk a été décrite sous des aspects bien différents par les rapports qui ont été rendus publics de part et d'autre. Les deux partis ont peint cette affaire comme une victoire importante et comme une grave défaite de l'ennemi. Ces deux assertions complètement opposées ont dû naturellement être appuyées par un récit très divergent de la marche et de la nature des évènements de la journée. De pareilles contradictions sont fréquentes dans l'histoire militaire : à part les intentions des généraux et des puissances belligérantes, qui ne veulent raconter au monde que ce qu'on juge utile de lui faire connaître, et visent plus à l'effet du moment qu'à la justification de leurs dires : à part toutes les atteintes volontaires dont on défigure la vérité dans un but quelconque, il peut réellement y avoir souvent différentes manières de juger à quel parti appartient la victoire. Ainsi le général Fermor, après la bataille de Zorndorf, s'attribua la victoire, tandis que Soltikof, après la bataille de Kunersdorf, écrivit à Pétersbourg que, s'il remportait une seconde victoire du même genre, il serait obligé d'en aller porter la nouvelle lui-même, la moitié de son armée y ayant été détruite. Si, pour se dire vainqueur, il suffit d'avoir conservé sa position, Bennigsen eut raison de s'attribuer la victoire pour avoir résisté à Pultusk au choc de l'ennemi. Cette résistance sauva une défaite à l'armée russe, et fut certainement d'une grande importance : car le succès de l'attaque aurait rejeté les Russes jusqu'au dedans de leurs frontières et empêché probablement toute opération ultérieure. Mais entre échapper à sa propre ruine et consommer celle de l'ennemi, il y a encore bien des gradations de succès, qui, dans une journée décisive, se succèdent quelquefois rapidement, grâce au hasard des combats.

Dans l'affaire en question, la démarcation entre n'être pas détruit et vaincre ne fut point franchie : en effet, la nouvelle de la prétendue victoire des Russes ne produisit qu'une erreur de quelques jours : le péril n'en grandissait pas moins, et il serait certes fort difficile de prouver qu'il eût été possible de rattacher à cette affaire de Pultusk des conséquences plus considérables en faveur des Russes.

Une partie proportionnellement faible de l'armée française, le (5e corps et une seule division du 3e) avait combattu à Pultusk, et il eût fallu vaincre dans un second combat une force double au moins, pour obtenir les résultats qu'on a prétendus possibles après Pultusk : car Napoléon aurait certainement concentré les 3e, 4e, 5e et 7e corps et la moitié de la cavalerie de réserve, alors placés entre la Wrka et la Narew, si les Russes avaient pris l'offensive, et cette armée n'eût assurément repassé la Vistule qu'après avoir été battue.

Voyons maintenant ce que fut la bataille de Pultusk, au point de vue surtout de la cavalerie, qui, du côté des Russes, y prit une part honorable.

Le 25 décembre, le corps de Bennigsen arriva à Pultusk, harassé de fatigue, épuisé par une marche des plus pénibles dans des chemins défoncés, où hommes et animaux s'abîmaient dans deux ou trois pieds de boue, et où il fallut, malgré les plus grands efforts, abandonner la majeure partie des équipages et beaucoup de bouches à feu.

Vers midi, comme à peine les premières troupes russes arrivaient à Pultusk, un corps ennemi se montra déjà, venant de Sierock; mais il se replia après un combat sans importance. Le soir, la totalité des troupes énumérées plus haut, 66 bataillons et 95 escadrons y compris 5 régiments de Cosaques (33,000 hommes d'infanterie et 7600 chevaux), était rendue dans la position de Pultusk, sur le revers uni et bas de la rive droite de la Narew, entre les chemins qui conduisent de Pultusk à Sierock et Nowemiastow, ayant la ville de Pultusk et la Narew à la gauche, la route de Makow et Ostrolenka sur les derrières.

Le champ de bataille de Pultusk est un espace découvert et uni d'une étendue de 20 à 25 kilomètres carrés environ, fermé par la Narew au midi et presqu'entièrement cerné par des forêts des trois autres côtés. Par un temps sec, ce terrain n'offrirait guère de difficultés ou d'obstacles à aucun mouvement; mais pendant le dégel de décembre, au moment où fut livrée la bataille, le moindre mouvement devenait pénible et ne pouvait s'exécuter qu'avec lenteur; l'artillerie notamment était réduite presque à l'immobilité.

Bennigsen avait compté que la majeure partie du corps de Buxhœvden le rejoindrait en venant de Makow et de Popowo, et prendrait part à la bataille. Un ordre du feld-maréchal Kamenski, enjoignant de continuer sans s'arrêter à battre en retraite jusqu'aux frontières russes, empêcha non seulement cette coopération du second corps, mais défendit même à Bennigsen d'accepter aucun engagement sérieux, ce qui, du reste, n'était plus praticable alors, l'ennemi étant si près. Bennigsen fit savoir, en conséquence, qu'il était obligé de livrer un combat près de Pultusk pour assurer sa retraite, et invita les généraux Buxhœvden et Anrepp à conserver en attendant leurs positions actuelles près de Makow et de Popowo. La bataille, quant à son but, était donc purement défensive du côté des Russes : avant même que le premier boulet fût tiré, il était décidé que le succès le plus positif n'amènerait pas la reprise de l'offensive. On ne voulait, en ramenant l'ennemi en arrière, que gagner du temps pour se retirer tranquillement sur Ostrolenka où l'on avait déjà dirigé la grosse artillerie, afin de lui donner de l'avance.

Pour atteindre ce but, il était à désirer qu'on pût repousser l'attaque de l'ennemi sans engager toutes les forces. Si l'on avait pu y parvenir par un simple combat d'arrière-garde, ce n'en eût été que mieux ; mais l'impétuosité de l'ennemi et les difficultés de la retraite obligèrent à employer tout le corps en quelque sorte comme une arrière-garde. Dans ces circonstances il importait surtout d'arrêter l'ennemi avant qu'il arrivât sur la position du corps principal, et de l'empêcher, s'il était possible, de se former pour l'attaque : il fallait donc tenir les abords de la position et empêcher le débouché des bois sur le terrain découvert devant Pultusk.

A cet effet, Bennigsen rangea habilement la plus grande partie de sa cavalerie à 2,000 pas environ en avant du front de l'armée, qui se forma sur deux lignes entre Moczin et Pultusk, poussant un détachement en avant de chaque aile. Devant l'aile gauche c'était le général Bagawout avec 10 bataillons et 20 escadrons, devant la droite le général Barclay de Tolly avec 12 bat. et 10 esc. A cinq ou six-cents pas en avant du front de la cavalerie, formée en échiquier par régiments avec de grands intervalles, fut tirée une ligne de Cosaques, qui arrêtèrent les flanqueurs de l'ennemi, observèrent ses mouvements, et l'obligèrent à déployer son avant-garde pour les chasser.

Le maréchal Lannes forma ses troupes en 6 colonnes, qui s'avancèrent contre tout le front de la position des Russes. Son corps se composait de 3 divisions d'infanterie (Gazan, Suchet, Gudin), de la cavalerie légère du 5ᵉ corps d'armée, général Treilhard, et d'une division de dragons de la cavalerie de réserve, général Becker, en tout, 36 bataillons et 24 escadrons ou 30,000 hommes environ. La garde impériale n'était point présente à cette affaire, et les Français étaient loin d'avoir 60,000 hommes : deux assertions également fausses des rapports russes. Napoléon n'était pas non plus à la bataille, comme le prétend sir Rebort Wilson, par la raison inqualifiable que l'*Empereur n'a pas établi un alibi..... !*

La division Gudin formait l'aile droite des Français et fit, en trois colonnes, la première attaque contre le détachement de Bagawout ; la cavalerie légère se jeta sur les Cosaques et forma une ligne de flanqueurs, soutenue par des tirailleurs.

La cavalerie russe de l'aile gauche se porta au-devant des colonnes d'attaque des Français, ramena leur cavalerie et chargea les colonnes d'infanterie. Les rapports russes et les récits de Wilson et du Major de Both parlent du succès complet de ces charges : les relations françaises vantent la vaillante et victorieuse résistance des régiments d'infanterie français. Mais il semble ressortir du résultat même de l'action, que ni l'un, ni l'autre parti n'ont énoncé l'exacte vérité : car, s'il est incontestable que les Russes enfoncèrent quelques-uns des bataillons, il ne l'est pas moins que l'attaque des Français ne fut point arrêtée, mais seulement retardée par ces charges de cavalerie, et que, les bataillons ramenés ayant été reçus par ceux qui les suivaient, le mouvement d'attaque continua.

Ces charges contre l'aile droite des Français furent exécutées principalement par le régiment des cuirassiers d'élite, par 2 escadrons de dragons de Kargopol, par le régiment des houlans tartares et par le régiment de dragons de Kiew. Au centre, le général Dorochow se retira lentement avec le régiment des hussards d'Isum devant la division Gazan, jusqu'à ce que l'ennemi fut arrivé à portée des batteries établies en arrière ; celles-ci, démasquées tout-à-coup par une manœuvre des hussards accueillirent les Français par un feu meurtrier.

Cependant le détachement du général Barclay de Tolly, devant la droite, avait également été attaqué ; le régiment des houlans polonais y fit aussi une charge qui arrêta et ramena l'ennemi, pendant que les Cosaques balayaient les chasseurs à cheval ; mais l'ennemi ayant sur ces entrefaites amené toutes ses forces et quelque artillerie, Bennigsen ordonna à la cavalerie de se replier derrière l'infanterie. Le corps de Barclay rétrograda jusqu'au chemin qui mène à Nowemiastow, appuyant sa droite au village de Moczin ; vingt escadrons se réunirent derrière cette aile. Pendant ce temps, le détachement de Bagawout avait été forcé dans sa position avancée, et avait reculé jusque vers

Gorki, perdant quelques pièces de canon qu'on n'avait pu emmener et qui, d'ailleurs, retombèrent aux mains des Russes. Le commandant en chef renforça ce détachement de 6 bataillons, et l'armée se trouva alors formée sur trois lignes, depuis Gorki, devant Pultusk, jusque vers Moczin, la première déployée, la seconde en colonnes, et la troisième composée de cavalerie, en arrière. Une nombreuse artillerie canonnait l'ennemi qui n'avait pu, à cause de la boue sans fond où il fallait se mouvoir, faire avancer qu'avec la plus grande peine un petit nombre de pièces.

Aussitôt l'aile gauche des Russes remise en ordre et renforcée comme nous l'avons dit, le général Ostermann, qui en avait pris le commandement, se porta au devant de l'ennemi, et parvint à le repousser après plusieurs charges à la baïonnette. Vingt escadrons et une demi-batterie à cheval, suivant ce mouvement, appuyèrent l'attaque de l'infanterie. Les Français se retirèrent, les Russes conservèrent leur position : des deux côtés il y avait plus de 3,000 hommes hors de combat ; les Russes avaient fait 700 prisonniers. Ils ne perdirent pas une pièce de canon sur le champ de bataille ; celles que les Français produisirent comme trophées de leur victoire, avaient été trouvées en chemin.

A part les dispositions stratégiques gâtées par la pusillanimité de Kamenski, et les conditions du champ de bataille, cette affaire fournit un exemple remarquable de l'emploi utile de la cavalerie, même dans un engagement purement défensif, et de la manière de s'en servir pour engager le combat. Dans les circonstances données, les dispositions de Bennigsen furent tout-à-fait convenables ; mais elles eussent été fort dangereuses, si l'ennemi avait été supérieur en cavalerie, parce qu'alors elles auraient eu pour effet de lui fournir l'occasion de battre la cavalerie russe et peut-être de couronner ce premier avantage par la défaite de toute l'armée. Les Russes, du reste, savaient qu'en cette occasion ils n'avaient pas à craindre la cavalerie française.

La difficulté du terrain, la fange sans fond qui alourdissait et entravait tous les mouvements ne fut point assurément une circonstance favorable à l'action de la cavalerie, qui perd de sa force en raison de la difficulté des mouvements. Mais cette même circonstance était encore plus fâcheuse pour les Français, surtout parce qu'ils ne purent faire usage de leur artillerie, tandis que celle des Russes, mise en batterie dans la position, prit à l'action une part très efficace. Dans les charges de la cavalerie contre l'infanterie française ce fut certainement pour elle un inconvénient notable de ne pouvoir s'approcher qu'avec lenteur; mais la solidité de l'infanterie n'était rien moins qu'augmentée par la fange épaisse, visqueuse et lourde, qui s'attachait aux jambes des hommes et d'où l'on pouvait à peine dégager ses pieds enfoncés jusqu'à la cheville. Plusieurs témoins oculaires, connus de l'auteur de ces pages, et qui avaient assisté à cette affaire avec la division Suchet, racontaient que loin de trouver dans le terrain détrempé une garantie contre les charges de la cavalerie russe, les Français avaient unanimement maudit cette circonstance, et que même un d'eux, appliquant à cette occasion le mot du soldat romain vaincu dans une bataille navale, s'était écrié : « Qu'on nous donne de la terre ferme, « et nous sommes sûrs de la victoire ! » Le terrain manquant sous les pieds aux deux partis, et ni l'un ni l'autre ne se trouvant dans son élément ordinaire et dans des conditions favorables, cette circonstance fut plutôt une incommodité, un inconvénient apparent pour tous deux, qu'une cause de supériorité réelle et absolue pour l'un ou l'autre, ou pour une arme en particulier. En pareil cas, on ferait bien, avant de se laisser effrayer par des obstacles de cette nature, de les envisager aussi avec calme au point de vue de l'ennemi, de se mettre à sa place, et on verra souvent disparaître en grande partie la terrible impression que ces choses-là font quelquefois au premier moment. Comment la cavalerie remportera-t-elle une victoire éclatante sur un terrain où elle a toute la peine du monde à marcher? Voilà la question que posent les Russes. Mais les Français ne peuvent-ils pas demander aussi comment il est possible de marcher en masse avec ordre et de résister vigoureusement à une charge, lorsqu'on s'épuise à se traîner seulement?

Qu'on nous pardonne cette petite observation sur un objet aussi peu esthétique, mais qui souvent est d'une grande importance. Des conditions analogues se retrouvent souvent, malgré de nombreuses variantes. Que de collines, par exemple, regardées comme dominantes, et dont on s'effraierait infiniment moins, si l'on voulait réfléchir à la peine qu'il en coûterait à l'ennemi pour en profiter, et au peu de services que lui rendrait souvent ce qui nous paraît d'abord si dangereux!

Le jour même du combat de Pultusk, le 7e corps d'armée français (Augereau), se porta sur Golimin avec une partie de la cavalerie de réserve, commandée par le grand-duc de Berg en personne. Davoust prit la même direction avec deux divisions de son corps. Ils se trouvait donc sur ce point 4 divisions d'infanterie (environ 40 bataillons), 2 brigades de cavalerie légère et deux divisions de grosse cavalerie, opposés au corps du prince Galitzin, qui se composait de la 4e et de la 3e division russe, formant, après le départ de quelques détachements, un total de 27 bataillons et de 42 escadrons. Les Russes résistèrent aux Français dans un engagement très vif, où la cavalerie russe repoussa plusieurs fois la cavalerie française. Dans la nuit ils se replièrent sur Makow, pendant que Bennigsen se retirait également sur Rozan, d'où la retraite continua le lendemain sur Ostrolenka. Le 30, tout le corps de Bennigsen y bivouaqua. Buxhœvden, avec deux divisions, était près de Dilewo, derrière l'Omulef; les deux autres divisions de son corps, conformément aux ordres de Kamenski, se retiraient vers la frontière russe, en marchant entre la Narew et le Boug. Le corps prussien avait été pendant ce temps refoulé par l'aile gauche de l'armée française (la garde, le 1er et le 2e corps) du voisinage de Soldau jusqu'aux lacs de Lithuanie, vers Sensbourg.

Le 17 janvier eut lieu, dans le voisinage de Scuczin et Aris, la concentration de 7 divisions, formant une masse de 78,000 hommes, qui se portèrent de là vers la Prusse Orientale. Kamenski avait été rappelé, Buxhœvden chargé du commandement de l'armée russe en Valachie, et Bennigsen, en récompense de sa conduite à Pultusk, avait été investi du commandement en chef de l'armée russe en Pologne. Le 18, le quartier-général fut porté à Rhein. Le corps de L'Estocq était en ce moment à Barten.

L'opération offensive des Russes, résolue dès le 2 janvier par la conférence des généraux à Nowogrod, et commencée le 18 par Bennigsen, fut paralysée par la concentration rapide des Français et se termina à Eylau. Cette opération offre peu de chose qui intéresse l'histoire de la cavalerie; nous en omettrons donc le détail; mais nous en dirons cependant quelques mots pour fixer le point de vue sous lequel nous envisageons la mémorable journée d'Eylau, et pour ne pas perdre de vue la suite des événements.

Sept divisions de l'armée russe, environ 75,000 hommes dont plus de 150 escadrons ou 15,000 hommes de cavalerie, non compris les Cosaques, se portèrent le 18 du côté de Rhein. Secondé par le corps de l'Estocq, qui avait reçu un renfort de quelques régiments d'infanterie russe, on se proposait de repousser d'abord les corps de Ney et de Bernadotte, poussés en avant vers le nord, de les couper s'il était possible, et de les refouler sur la Vistule du côté de Thorn, par Bischofsbourg et Allenstein. Le général Essen, avec un corps de trois divisions, formé en partie de troupes arrivées de Russie, fut laissé sur la Narew.

Le 21, Bennigsen arriva à Bischofstein, et l'Estocq à Schippenbeil. Ney se retira sans résistance sur Hohenstein. Son arrière-garde, commandée par le général Colbert, eût pu être attaquée par la forte cavalerie de l'avant-garde russe sous le prince Gallitzin; mais on la laissa se retirer paisiblement par Seebourg, et on continua, puisque Ney avait évité le coup qu'on lui destinait, à marcher contre Bernadotte dans la direction de Heilsberg et de Mohrungen, où l'avant-garde arriva le 25, tandis que L'Estocq s'était porté par Mehlsack sur Schlodien.

L'avant-garde russe, commandée par le général Markow, attaqua vers midi, près du village de Georgenthal, non loin de Mohrungen, le corps ennemi, sans attendre des renforts; elle fut culbutée après un engagement assez vif. Vers le soir, le général Anrepp arriva avec sa division et attaqua vigoureusement; mais ses troupes ne purent atteindre le but une fois manqué, et il y perdit lui-même la vie. Bernadotte arriva à Osterode sans perte notable, et continua son mouvement rétrograde par Lœbau sur Strasbourg. Pendant l'action, le colonel Dolgorouky, avec 2 escadrons et un détachement de Cosaques, pénétra dans Mohrungen sur les derrières de l'ennemi, enleva les bagages du quartier-général et fit quelques centaines de prisonniers. Si cette attaque avait été faite par une cavalerie plus nombreuse, nul doute qu'elle eût coûté au général français plus que quelques prisonniers et quelques bagages aisément remplacés.

Le combat du 25 décida Bennigsen à concentrer son armée le 26 près de Liebstadt. Les divisions qui déjà s'étaient portées au sud et à l'ouest durent y rétrograder. Le 27, l'armée se concentra sur Mohrungen, les avant-gardes occupant Liebeumhl et Allenstein ; L'Estocq arriva à Saalfeld; déjà le mouvement offensif s'arrêtait.

Autant il pouvait paraître à-propos de concentrer l'armée russe à Mohrungen, autant il était dangereux de rester dans ces parages, pendant que Napoléon faisait lever à la hâte ses cantonnements et distribuait ses troupes, qui occupaient le 30 janvier les positions suivantes :

Le 1er corps (Bernadotte), à Strasbourg.

Le 6e corps (Ney), à Gilgenbourg.

Le 7e corps (Augereau), à Neidenbourg.

Le 3e corps (Davoust), à Misczieniecz.

Le 4e corps (Soult) et la cavalerie de réserve, à Willenberg, où l'Empereur arriva en personne avec sa garde, le 31.

Le maréchal Lefèvre, avec un corps d'armée (le 10e), restait près de Thorn, et le 5e corps, commandé pendant la maladie de Lannes par Savary, à Brock sur le Boug.

Le 1er février, la cavalerie française chassa de Passenhagen un poste de Cosaques. Le gros de l'armée, composé du 3e, du 4e, du 6e et du 7e corps, de la garde impériale et de la cavalerie de réserve, se porta vers Allenstein. Bernadotte reçut l'ordre d'opérer contre la droite des Russes pour les retenir, pendant que Napoléon, avec le gros de ses forces, tournerait leur gauche, les couperait de leur frontière, et leur livrerait une bataille dont la perte eût été leur ruine totale. Un second Austerlitz se préparait pour les Russes, lorsqu'un hasard fatal fit tomber aux mains des Cosaques une lettre adressée à Bernadotte et qui contenait tout le plan.

Bennigsen reçut cette lettre si importante à Mohrungen, le 31 janvier. Une heure de plus rendait le danger inévitable, et pour se soustraire à sa perte, le général russe se hâta de profiter du seul avantage qu'il eût, se trouvant concentré, pour marcher avec toutes ses forces sur Allenstein. Le 2 février, l'armée russe était en bataille à Iankowo, et le corps prussien, qui avait sur ces entrefaites débloqué Graudenz, se porta sur Deutsch-Eylau. Cependant on n'exécuta point la résolution de paralyser la manœuvre des Français par une attaque, qui le 2, lorsque le 4e corps et la cavalerie de réserve étaient seuls arrivés à Allenstein, aurait pu avoir un brillant succès. Le 3, après l'arrivée des autres corps, ce furent les Français qui attaquèrent; Soult s'empara du pont de Bergfried, sur l'Alle, et des abords de la position des Russes. La bataille aurait été livrée le 4, si les Russes ne s'étaient point retirés pour gagner Wolfsdorf, entre Guttstadt et Liebstadt, d'où la retraite continua les jours suivants, accompagnée d'engagements en partie vifs et sanglants, jusqu'à Preussisch-Eylau, qu'ils atteignirent le 7 février.

Le corps prussien placé à Deutsch-Eylau était exposé par la retraite des Russes à se voir isolé, attaqué et détruit. Le 3 février il arriva à Ostreode, où lui parvint l'ordre de se diriger sur Arnsdorf, pour y faire sa jonction avec Bennigsen, qui s'y rendait de son côté après avoir quitté Iankowo. La retraite continue des Russes et l'éloignement du corps de L'Estocq furent cause que cette jonction ne s'opéra que le 8, sur le champ de bataille d'Eylau, et seulement d'une manière partielle. Le corps se dirigea par Mohrungen et Liebstadt en faisant des marches fortes et excessivement pénibles, poursuivi par le corps de Ney, qui attaqua le 5 près de Waltersdorf l'arrière-garde, forte de 5 bataillons, 10 escadrons et 1 batterie à cheval. La cavalerie prussienne fut culbutée par celle des Français; l'infanterie, après avoir longtemps résisté, fut presque tout entière sabrée ou faite prisonnière, ayant été mise en désordre près de Willenau par un train de bagages dont ce village était encombré. Les débris des bataillons dispersés furent sauvés par une charge du 2e bataillon de hussards de Prittwitz.

Bataille d'Eylau.

Lorsque le monde apprit qu'une grande bataille avait

été livrée dans les plaines d'Eylau, on négligea de l'informer en même temps avec exactitude des évènements qui avaient précédé cette mémorable journée et des conditions dans lesquelles la lutte fut engagée et soutenue. Aussi se forma-t-il des opinions très divergentes sur la manière dont les choses s'y passèrent, et des difficultés nombreuses ayant plus tard empêché la publication de l'exacte vérité, ces opinions erronnées furent d'abord la base de l'idée généralement répandue touchant cette bataille, et finirent ainsi par passer dans les pages de l'histoire. L'erreur du premier moment ne fut qu'une répétition de ce qui a tant de fois eu lieu dans les guerres antérieures; mais si la vérité fut si longtemps couverte d'un voile épais, cela doit s'expliquer par différents motifs qu'aucun résultat saillant en faveur de l'un ou l'autre parti ne vint infirmer.

Les rapports français représentent la bataille comme une victoire de leur armée, qui aurait parfaitement atteint son but. Les rapports prussiens et russes en font autant de leur côté. Ceux qui ajoutèrent foi aux premiers en appelèrent à la fin de la campagne, et personne, en effet, n'eût pu convaincre le vainqueur de Friedland d'avoir essuyé une défaite à Eylau. Ceux qui préféraient croire aux seconds durent se mettre en quête d'un motif qui pût expliquer pourquoi une journée soi-disant si glorieuse n'avait amené aucune conséquence décisive, et ils crurent trouver ce motif soit dans une politique secrète de la Russie, dans une influence du Sénat russe, soit, et cette opinion finit par l'emporter, dans le caractère individuel du général en chef de l'armée russe. Le néant de l'influence du Sénat russe sur les opérations de l'armée était facile à démontrer avec la moindre connaissance de la constitution de l'empire de Russie, et par la volonté nette et bien prononcée de l'empereur Alexandre, qui à cette époque n'avait certes aucun motif de ménager les Français. Restait donc uniquement le second motif, par lequel on prétendit tout expliquer : les uns comparèrent Bennigsen à Annibal, sachant vaincre mais non profiter de la victoire ; les autres à Soltikof qui, après la bataille de Cunersdorf, laissa tranquillement partir les débris de l'armée de Frédéric lorsqu'il aurait fallu si peu de chose pour en achever la destruction. Ce jugement trouva une sorte d'appui dans les rapports prussiens, où la retraite après la bataille ne fut nullement déclarée nécessaire. On passa aisément de l'idée qu'il n'était pas urgent de vider le terrain à celle qu'il fallait poursuivre l'ennemi, sautant légèrement en *théorie* par-dessus l'énorme distance qui en *pratique* sépare d'ordinaire ces deux choses-là, et en Allemagne, comme dans une grande partie de l'Europe, on disait assez généralement : Les Russes on battu les Français, mais sans que cela leur servît à rien; car non seulement ils n'ont pas poursuivi l'ennemi défait, mais ils lui ont même abandonné le champ de bataille. Les Français se sont bien retirés ensuite jusqu'à la Passarge, et les Russes les ont suivis; mais le coup décisif, ils l'ont manqué, etc., etc., etc.

Cette manière de voir est fondée cependant, tout injustifiable qu'elle est, sur une incontestable vérité : c'est que la bataille d'Eylau arrêta le progrès de l'opération des Français, et que, dans ce sens, ce fut un avantage réel pour les Russes. Mais de là il y a loin encore à penser que l'armée française eût tellement perdu sa supériorité, qu'il n'y aurait plus eu qu'à lui donner le coup de grâce, et l'esprit d'exagération pouvait seul représenter les Russes comme vainqueurs, uniquement parce que, grâce à leur courage incontesté, ils n'avaient pas subi une défaite complète.

Le 7 février, le général Bennigsen se trouvait dans une situation qui ne lui permettait plus d'éluder une bataille, sans livrer aux Français Kœnigsberg et avec cette place la Prusse entière, ou plutôt ce qu'il en restait encore qui ne fût pas déjà en leur pouvoir. Les plaines d'Eylau lui parurent une localité assez avantageuse pour y risquer enfin cette action décisive si longtemps différée : il résolut donc d'attendre dans cette position l'attaque de son adversaire.

Dès le 7, il y eut un combat très vif dans Eylau même et dans le voisinage, qui se termina par l'abandon de cet endroit, dont les Français restèrent les maîtres, après que les Russes s'y furent défendus jusque dans la nuit. Le 8 au matin, les deux armées occupaient les positions suivantes :

Français. Le 3e corps (Davoust) occupait la hauteur traversée par le chemin d'Eylau à Bartenstein, derrière les villages de Rothenen et de Serpallen, formant la droite de l'armée.

Les deux divisions Desjardins et Heudelet (du 7e corps, Augereau) et la division Saint-Hilaire, du 4e corps formaient le centre, entre Eylau et Serpallen. Deux divisions du corps de Soult (4e) occupaient Eylau, où l'Empereur en personne se tenait dans le cimetière, entouré des grenadiers de sa garde. Quatre brigades de cavalerie légère, en avant d'Eylau, formaient l'aile gauche. Tout le reste de la cavalerie, composé de la cavalerie de la Garde et des 4 divisions de réserve d'Hautpoul, Grouchy, Klein et Milhaud, était rangé derrière l'infanterie, de manière que les 4 divisions se trouvaient à la gauche, près du chemin de Bartenstein, et le reste entre Rothenen et Eylau. Toutes ces forces réunies s'élevaient, suivant les données les plus dignes de foi, à plus de 80,000 hommes.

L'armée russe (7 divisions, 132 bataillons, 195 escadrons, 21 batteries), forte de 60,000 hommes environ, avait sa droite au village de Schloditten ; sa gauche s'étendait jusque vers Klein-Sausgarten ; un détachement, en avant de cette aile, occupait Serpallen, en face du corps de Davoust. Cinq divisions, les 2e, 3e, 5e, 7e et 8e, sur deux lignes, formaient le corps de bataille ; deux divisions, la 4e et la 14e, en colonnes par bataillons, formaient la réserve avec une forte moitié de la cavalerie, le reste de celle-ci étant réparti sur les ailes. Pendant la nuit, l'avant-garde formée par le détachement de Barclay, et qui avait la veille combattu dans Eylau, était restée devant l'armée ; elle fut retirée le matin.

Des deux parts, l'artillerie, fort nombreuse, était groupée par masses de 40 à 50 bouches à feu, d'un côté, dans le but de préparer et de soutenir l'attaque sur les points principaux, c'est-à-dire sur ceux où les Français pouvaient déboucher à travers et à côté d'Eylau ; de l'autre côté, dans celui de repousser cette attaque et d'écraser les colonnes ennemies. Les deux partis, dans cette journée, présumèrent beaucoup de cette arme, et c'est certainement à sa formidable action qu'il faut attribuer la majeure partie des pertes essuyées par les deux armées. Nous laissons à des témoins oculaires compétents le soin de décider si ce combat d'artillerie, comme tant d'autres, ne fit pas plus de bruit et de fumée que d'effet, et si l'on fit bien, du côté des Russes, de faire ouvrir le feu de toutes les batteries russes à 5 heures et demie du matin, c'est-à-dire, vu la saison, bien avant le jour. Cette manière d'engager un combat ne nous paraît guère pouvoir servir de règle, quoique plusieurs historiens de cette guerre s'imaginent donner une couleur plus terrible à leur narration, en disant que 800 bouches à feu firent pendant deux heures trembler le sol sous les éclats de leurs tonnerres. Bennigsen, dit-on, ordonna cette canonnade pour empêcher une reconnaissance de la part des ennemis ; cette raison-là du moins en est une, quoiqu'il eût été facile d'employer d'autres moyens pour arriver à ce but.

Du côté des Français, on commença l'attaque pendant cette même canonnade. Les rapports français parlent d'une tentative des Russes pour reprendre la ville, et plus particulièrement le cimetière d'Eylau. Le rapport de Bennigsen ne parle pas de cette circonstance : il dit seulement qu'il avait envoyé quelques régiments d'infanterie au devant des colonnes d'attaque de l'ennemi. Il est hors de doute que l'offensive fut prise par les Français, et, bien qu'il règne dans les rapports une obscurité où il est tellement difficile de se reconnaître qu'on ne devinerait pas quelquefois qu'il y est question des mêmes événements, sans les noms de localités cités par les deux adversaires, on peut cependant esquisser les principales phases de la bataille dans les termes suivants, dont il serait permis de soutenir l'exactitude. Il n'existe d'ailleurs aucune espèce de matériaux sérieux où l'on puisse chercher les détails, les témoins oculaires les plus compétents ne pouvant eux-mêmes fournir que des fragments isolés et de peu d'importance.

Napoléon, résolu de tenter à Eylau le coup décisif, auquel Bennigsen avait eu le bonheur de se soustraire huit jours auparavant, dans le voisinage d'Allenstein attaqua les Russes avec l'armée qu'il avait réunie à Eylau, pendant que Ney devait retenir les Prussiens. Il ne fallait pas songer à poursuivre ici son but à l'aide d'une manœuvre; la répétition de la belle combinaison d'Austerlitz était impossible dans les conditions actuelles. L'ennemi cette fois était concentré en bon ordre, à quelques milliers de pas et en face de l'armée française : toute manœuvre pour le tourner, tout envoi de détachement était extrêmement périlleux, d'autant plus que des deux corps déjà détachés, celui de Ney et celui de Bernadotte avec deux divisions de cavalerie, le premier ne put prendre qu'une faible part à l'action, et le second ne put y coopérer d'aucune manière. La supériorité des Français n'était donc pas tellement prononcée qu'il fût sage de s'y fier avec certitude. Aussi les dispositions que Napoléon prit pour cette bataille furent-elles extrêmement simples, quoi qu'en dise l'auteur de la *Relation d'un témoin oculaire*. Davoust, avec la droite des Français, devait attaquer la gauche des Russes, Augereau et la division Saint-Hilaire se porter contre leur centre et leur droite, Murat, avec sa cavalerie, appuyer cette attaque, Soult et la garde rester pour le moment en réserve autour et au-dedans d'Eylau.

Le corps d'Augereau, formé en colonnes d'attaque et appuyé par un violent feu d'artillerie, se porta en avant. Mais son attaque fut repoussée avec des pertes considérables ; les rapports français expriment cela en disant que les colonnes avaient perdu leur direction dans les flots de neige et que leur mouvement oblique les avait trop écartées sur la gauche. Augereau, les deux généraux de division de son corps et plusieurs autres officiers-généraux furent blessés et quelques régiments presque anéantis, les batteries russes ayant reçu les colonnes françaises par un feu terrible, l'infanterie les ayant chargées plusieurs fois à la baïonette, et la cavalerie ayant exécuté aussi plusieurs charges heureuses. La défaite du septième corps aurait été complète et peut-être s'en serait-il suivi une défaite totale de l'armée française, si Napoléon n'eût pas ordonné à Murat et à Bessières de dégager le corps compromis, au moyen d'une attaque générale de toute la cavalerie, et de ramener l'ennemi qui le serrait de près.

Les divisions de cavalerie s'ébranlèrent à cet ordre. Il serait à désirer qu'on possédât un aperçu des dispositions d'attaque ; mais il semble qu'on en laissa le soin aux différents chefs de corps, et que chacun, dans un moment de si grande urgence, prit celles qui lui parurent les plus convenables. La cavalerie de la garde se distingua surtout dans cette charge fameuse : elle perça les premières lignes des Russes, culbutant tout sur son passage, et chargea la seconde ligne entre Eylau et Anklappen, en la prenant à revers. Mais les masses russes résistèrent sur ce point ; leur cavalerie attaqua celle des Français, qui dut se replier. L'audacieux exploit de la garde à cheval lui coûta beaucoup de monde, cela est incontestable et se conçoit d'ailleurs très-bien ; mais croira qui voudra que 18 hommes seulement de cette garde échappèrent à la mort, comme les Russes ne craignirent pas de l'affirmer dans leurs rapports. Le bulletin français dit que les 100 hommes restés sur le champ d'honneur étaient entourés de milliers de cadavres ennemis, et qu'on était saisi d'horreur à l'aspect de cette partie du champ de bataille. La vérité, sans doute, ne se trouve pas entre ces deux assertions si contradictoires, et il faut la chercher ailleurs ; ce qui est certain seulement, c'est qu'en dernier résultat, après cette mêlée terrible et le carnage affreux qui en avait été la suite, les Russes demeurèrent maîtres du terrain, non sans avoir essuyé des pertes énormes et avoir été profondément ébranlés ; que le corps d'Augereau avait été repoussé avec des pertes sensibles ; que la cavalerie se rallia sur le corps de Soult et les batteries près d'Eylau, et qu'ainsi le dessein de l'Empereur, d'enlever la victoire par ce moyen, avait échoué. Cette disposition des Russes, d'avoir réuni en deux fortes masses l'infanterie de la réserve, et laissé disponible la plus forte moitié de la cavalerie, 100 escadrons environ, leur valut selon toute apparence leur salut : car ce fut contre ces forces ainsi concentrées que se brisa la charge impétueuse de Murat, qui cependant fut loin d'être inutile, quoiqu'elle n'eût point atteint son but principal. Plusieurs régiments de cavalerie et d'infanterie russes avaient été mis dans un état déplorable ; mais les cinq aigles envoyées à Saint-Pétersbourg prouvèrent, d'une manière non moins évidente, que quelques régiments français avaient aussi succombé sous les charges de la cavalerie ennemie.

Pendant que ces combats se livraient au centre de l'armée, le corps de Davoust avait attaqué à plusieurs reprises le corps du général Bagawout, posté à Serpallen, devant la gauche des Russes, et avait enfin réussi à le rejeter par Klein-Sausgarten vers Anklappen et Kuschitten. Davoust occupa les hauteurs près du village de Sausgarten, et y mit en batterie 40 pièces de canon, qui ouvrirent contre la gauche des Russes un feu si meurtrier, qu'elle recula jusque derrière Anklappen, et que plusieurs corps furent mis dans un déplorable désordre. Voilà où en étaient les choses entre une heure et deux, lorsque la tête du corps prussien atteignit Althof. La droite et le centre des Russes, malgré les attaques vigoureuses et réitérées des Français, s'étaient maintenus dans leurs positions ; mais la gauche avait fléchi et perdu du terrain.

Le corps prussien, après le combat de Waltersdorf, le 6 et le 7 février, s'était porté par Eichholz sur Hussehnen. Bien que l'ennemi suivît l'arrière-garde et qu'on pût s'attendre chaque jour à être attaqué, on distribuait tous les soirs le corps dans plusieurs villages pour refaire quelque peu les troupes de leurs fatigues. Le rendez-vous du 8 février était fixé à Hussehnen, pour 6 heures du matin. Le 7, l'ennemi n'avait pas serré le corps de trop près, de sorte que même les bagages qu'on avait déjà abandonnés sans escorte, pour hâter la marche, purent rejoindre sans être atteints. Cependant la division Plœtz ne put arriver au rendez-vous à l'heure fixée, et ne prit aucune part à la bataille.

Vers 8 heures, le corps se mit en marche par sa gauche. Il se composait de 35 escadrons, 2 batteries et demie à cheval et 10 bataillons, y compris trois bataillons d'infanterie russe. Dans la nuit, le général L'Estocq avait reçu de Bennigsen l'ordre de le rallier et de prendre position à Althof, sur la droite de l'armée russe. Le général prussien voulut, à cet effet, prendre le chemin le plus court par Wakern, Schlautienen et Gœrken ; mais à peine l'avant-garde eut-elle passé le village de Wakern, que l'ennemi se montra sur le flanc droit de la colonne. C'était le corps de Ney, qui, marchant à travers la forêt d'Eylau par la route de Landsberg à Kœnigsberg, voulait forcer le corps prussien d'accepter le combat, le refouler sur Kœnigsberg et en empêcher ainsi la jonction avec l'armée russe. L'Estocq fit mettre en bataille, près du village de Schlautienen, 20 escadrons et une batterie et demie à cheval, commandés par le général Auer, et chargea 5 compagnies d'infanterie de garnir le bois de Wakern. Grâce à cette mesure exécutée avec courage, on put tenir l'ennemi à distance et faire filer la colonne, qui, se détournant vers la gauche du côté de Pompiken, continua sa marche. Néanmoins l'arrière-garde qui, en arrivant à son tour à Wakern, y avait trouvé l'ennemi en force, fut obligée de céder au nombre et de se replier sur Kreuzbourg, sans pouvoir suivre le gros. Réduit ainsi à 9 bataillons, 29 escadrons et 2 batteries à cheval, le tout extrêmement réduit, L'Estocq n'amena réellement sur le champ de bataille que 5,600 Prussiens.

Lorsque le corps prussien, vers une heure après midi, arriva à Althof, la gauche des Russes, comme nous l'avons déjà dit, était refoulée derrière Kuschitten. Bennigsen craignait que la bataille ne se décidât de ce côté par le succès continu du corps de Davoust, et il n'avait que trop de raisons pour supposer, qu'une fois perdue, la bataille se terminerait par des pertes énormes et une déroute totale. L'aile droite, au contraire, ayant résisté au choc des masses ennemies, le danger y paraissait moins pressant, bien que la route principale sur Kœnisberg conduisît du champ de bataille par Schlodlitten et Schmoditten, et qu'on pût de ce côté s'attendre à une attaque du corps de Ney, en marche vers le lieu de l'action. Bennigsen ordonna donc que le corps de L'Estocq, passant derrière la ligne des Russes, se porterait sur leur gauche.

Conformément à cet ordre, le corps se porta en trois colonnes directement sur le village de Kuschitten, que l'ennemi avait déjà occupé, et en fit aussitôt l'attaque, deux régiments l'abordant de front, un régiment laissant le village sur sa gauche, pendant que le régiment Towarczys (10 escadrons) le tournait par le côté opposé. Le village, vivement disputé, fut enfin emporté; l'infanterie française, délogée après des pertes considérables, n'en sortit que pour être chargée et complétement détruite par la cavalerie postée derrière; une aile resta au pouvoir des Towarczys.

Après un vif engagement d'infanterie, appuyé vigoureusement par l'artillerie, l'ennemi se replia jusque derrière Sausgarten et Anklappen. La cavalerie prussienne n'eut aucune occasion d'exécuter quelque charge sérieuse; une tentative de la cavalerie légère française fut repoussée. Les Français occupèrent en force le village de Sausgarten, lorsque la nuit mit fin au combat; le feu de l'artillerie et des tirailleurs des avant-postes continua seul jusque vers neuf heures.

L'armée russe et prussienne avait donc, grâce à son énergique persévérance, conservé sa position et paré le coup mortel que son redoutable adversaire lui avait destiné. Mais quels énormes sacrifices il lui en avait coûté! Le feu des Français, aux termes des rapports russes eux-mêmes, avait tué ou mis hors de combat 17,500 hommes. Des milliers de soldats, abandonnant leur drapeau et poussés par la faim, les vivres manquant totalement, s'étaient dispersés dans les villages voisins. Le corps de Ney, ayant occupé le village d'Althof, s'était étendu sur la gauche, de manière à déborder la droite des Russes et à menacer leur ligne de retraite. Le nombre total des troupes réunies sous les drapeaux à la fin de cette laborieuse journée était réduit à 40,000 hommes au plus; aucun renfort ne pouvait être attendu ni espéré, la faible division Plœtz ayant été jetée sur Kreutzbourg, et Kœnigsberg n'ayant qu'une faible garnison. Il était à craindre, au contraire, que Napoléon n'attirât à lui le corps de Bernadotte, comme déjà il avait fait de celui de Ney (ce qui en effet eut lieu la nuit même). Si haut qu'on voulût évaluer la perte des Français, il eût été outrecuidant de s'imaginer que Napoléon renoncerait à ses projets et battrait en retraite sans y être contraint de force. On a répété souvent que c'était néanmoins là son intention, que déjà même il avait pris quelques dispositions à cet effet; mais les renseignements certains manquent à cet égard, et il est difficile de supposer que l'empereur fût moins persévérant, moins opiniâtre dans ses idées, moins tenace dans leur exécution, qu'il l'avait toujours été jusqu'alors, et sur les champs de bataille et dans les discussions de cabinet. Rester en place, dans le vague espoir que l'ennemi se retirerait sans tenter encore une fois la chance des combats, eût été de la part des Russes une impardonnable présomption. Mais c'est une autre question de savoir s'il aurait été possible et opportun d'affronter une seconde bataille et s'il y aurait eu chance d'en sortir avec avantage. Le général Knorring était de cet avis et prit des mesures en conséquence; mais le général en chef ne partagea pas son opinion: la retraite fut ordonnée dans la nuit et s'exécuta sans être inquiétée par les Français. Les Russes se portèrent sur Kœnisberg; L'Estocq, qui formait l'arrière-garde, sur Domnau.

Le lendemain, les têtes des colonnes françaises suivirent le mouvement de retraite des Russes, mais le gros de l'armée resta près d'Eylau jusqu'au 19. La cavalerie et les troupes avancées s'étendirent jusque vers le Prégel. Cependant Napoléon ne jugea point à propos de poursuivre son opération. Son armée, comme celle de l'ennemi, avait éprouvé des pertes considérables et sentait le besoin de se reposer et de se refaire. D'ailleurs, le pays que l'armée avait parcouru dans ses divers mouvements était tellement épuisé et dévasté, qu'il était impossible de s'en remettre, pour la subsistance des troupes, au hasard et aux produits des réquisitions et de la maraude; en outre, la saison était si mauvaise, que la continuation des opérations, en supposant même tout au mieux, aurait toujours coûté à l'armée d'énormes sacrifices. La cavalerie surtout, toujours sur les routes depuis l'automne, avait essuyé des pertes inouïes. Les Français négligeaient en général les soins que réclamaient leurs montures, et, si jamais on a pu être tenté d'oublier, en faveur de la rapidité des opérations, cette partie si essentielle de l'entretien des corps de troupes, ce fut certainement dans cette campagne : en effet, chaque marche forcée depuis l'Ilm jusque sur la Vistule produisit une récolte de nouveaux trophées, et chaque jour le cavalier trouvait l'occasion d'échanger contre un cheval frais celui que la veille il avait crevé, gorgé ou ruiné de toute autre façon (1). Maintenant, que ce mode expéditif

(1) La brigade de cavalerie légère du corps de Ney perdit en 3 mois, selon les documents officiels, 289 chevaux.

de remonte avait cessé, les régiments avaient une quantité d'hommes démontés : les dragons notamment, ayant consommé les chevaux dont on les avait montés en Saxe, étaient pour la plupart redevenus de l'infanterie.

Tous ces motifs décidèrent l'Empereur à penser aux quartiers d'hiver. La mission dont le général Bertrand fut chargé vers cette époque auprès du roi de Prusse semble indiquer que l'intention sérieuse et le désir de Napoléon était alors d'amener des ouvertures pacifiques, pensant que la continuation de la guerre, sans lui offrir la chance d'y trouver de nouveaux avantages, pourrait très-bien, au contraire, lui faire perdre de ceux qu'il avait jusqu'alors conquis : cette question, cependant, est en dehors de notre sujet. Mais une chose extrêmement remarquable pour l'histoire militaire de notre époque, c'est que Napoléon se crut dans la nécessité de rétrograder jusque sur la Vistule, pour cantonner ses troupes, et que la possession des grands approvisionnements de grains trouvés à Elbing put seule lui permettre d'établir sur la Passarge ses corps avancés et de rester avec l'armée sur la rive droite de la Vistule. Ces approvisionnements sauvés, le système des réquisitions était à bout, tandis que de cette façon les Français furent tirés d'embarras par un magasin qui, établi par d'autres mains et pour d'autres consommateurs, ne coûta aux commis français que la peine de le vider.

Le 15 février, l'avant-garde russe, après quelques petits engagements de cavalerie, se porta en avant sous les ordres des généraux Markow, Pahlen et Lambert, attaqua les avants-postes français à Mansfeld, Wormsdorf et Lichtenhagen, et les refoula avec une perte de quelques centaines d'hommes. Selon l'habitude de Napoléon, ses avant-postes étaient formés de cavalerie légère, ayant pour premier soutien une division de dragons. Le grand-duc de Berg, commandant en chef de la cavalerie, ainsi que des avant-postes et de leurs postes de soutien, était, dit-on, en personne présent à cette affaire. Contrairement au sage conseil de Ney, il avait passé le Frisching avec 40 escadrons. Cette situation hasardée aurait dû provoquer un redoublement de vigilance; mais les avant-postes français, négligents comme ils avaient coutume de l'être assez souvent dans leur sécurité présomptueuse, se laissèrent surprendre sans peine. Assaillis à l'improviste, ils se trouvèrent engagés dans un combat désavantageux, ainsi que leurs soutiens, à mesure qu'ils arrivaient, et le tout fut rejeté derrière le Frisching, où l'infanterie de l'avant-garde reçut cette cavalerie passablement malmenée, dont un ordre du jour russe (1) exagéra pompeusement la défaite jusqu'à en faire la destruction totale de 12 *régiments entiers*.

Le 16 février, les Français quittèrent les bords du Frisching, et le 19, les environs d'Eylau, pour prendre les positions suivantes, qu'ils conservèrent jusqu'au commencement de mai, à quelques modifications près.

Le 1er corps (Bernadotte), quartier-général à Preussisch-Holland, occupa la Basse-Passarge, où l'on établit des têtes de ponts à Braunsberg et à Spanden, et s'étendit jusque vers Elbing.

Le 4e corps (Soult) se liait au 1er et avait ses cantonnements dans le voisinage de Liebstadt, Mohrungen et Liebemühl, ses avant-postes sur la Passarge, où furent

(1) Daté d'Eylau 14 (26) février.

également construites des têtes de ponts près d'Elditten et de Lomitten.

Le 6e corps (Ney), à Guttstadt, son avant-garde à Heilsberg, d'où elle fut délogée plus tard. Ce corps formait l'avant-garde de l'armée et l'on peut se convaincre, en jetant les yeux sur une carte, que ce point entre l'Alle et la Passarge était très judicieusement choisi.

Le 3e corps (Davoust) avait son quartier-général à Allenstein, et ses avant-postes sur la haute Alle et jusqu'à l'Omulef.

Le quartier-général de l'empereur, avec la garde, était à Osterode, où il resta jusqu'au 15 mars, puis il fut transféré au château de Finkenstein entre Saalfeld et Riesenbourg (1).

La grosse cavalerie était en majeure partie distribuée derrière la ligne.

Le 5e corps, commandé provisoirement par Savary, puis par Lannes et enfin par Masséna, était sur l'Omulef et la Narew, en face du corps russe d'Essen, avec lequel il eut le 16 mai l'affaire d'Ostrolenka. Plus tard ce corps, porté à 48,000 hommes par l'adjonction de Polonais et de Bavarois, n'entreprit rien d'important, quoique trois fois plus fort que le corps russe qui lui faisait face.

Le 10e corps (Lefèvre) faisait les préparatifs du siége de Dantzig.

Un corps polonais, sous le général Zayonczeck, était à Neidenbourg; le 8e corps (Mortier) en Poméranie, le 9e (prince Jérôme) en Silésie.

(1) On sait qu'Augereau, ayant mécontenté, dit-on, l'empereur par sa conduite à Eylau, quitta l'armée; son corps fut dissous, et les troupes dont il se composait reversées dans les autres corps.

L'armée combinée russe et prussienne suivit le mouvement rétrograde des Français par un mouvement en avant. Le corps prussien fut placé à l'aile droite, vis-à-vis de la gauche des Français, le quartier-général de L'Estocq étant à Heiligenbeil. Le gros de l'armée russe était cantonné dans les environs de Bartenstein, Schippenbeil et Heilsberg, avec ce dernier lieu pour point de rassemblement; des détachement s'entretenaient les communications avec le corps d'Essen sur la Narew. Trois mois s'écoulèrent, dans cette position, au milieu du repos et d'une inaction qui ne fut incidentée que par des mouvements insignifiants et des escarmouches sans importance, pendant que les Français faisaient le siége de Dantzig.

La prise de cette place importante était alors évidemment le principal objet des efforts de Napoléon, et c'était avec raison qu'il en regardait la possession comme indispensable à la sécurité de ses opérations ultérieures. Pendant le temps que demandait le siége, il laissait prendre à ses troupes le repos dont elles avaient sans doute besoin ; cependant ce délai n'était point perdu pour compléter son armée, la pourvoir de tout ce qui pouvait lui manquer, et se préparer de toutes les manières à la reprise de ses opérations. En outre, on achevait pendant ce temps de réduire les derniers appuis de la monarchie prussienne en Silésie et en Poméranie. Mais c'étaient là autant de motifs péremptoires pour les Alliés de venir au secours de Dantzig, de tenter un dernier effort pour donner à la guerre une autre tournure avant la chute de cette place et la soumission complète de la Silésie et de la Poméranie, ou bien, renonçant à tout espoir de vaincre, de s'épargner des sacrifices plus grands en faisant la paix.

Le roi de Prusse, estimant la fidélité à sa parole au-dessus de tout avantage quelconque et préférant tout perdre plutôt que de trahir ses alliés, avait fermé l'oreille aux propositions de paix apportées par Bertrand, la première condition de cette paix étant de renoncer à l'alliance de l'Angleterre et de la Russie. L'empereur Alexandre se rendit en personne à l'armée, suivi de sa garde, dont le départ de Saint-Pétersbourg avait été retardé par des difficultés survenues entre les cours de Russie et de Suède. Il annonçait l'intention formelle de consacrer à la lutte toutes ses forces. On espérait toujours que l'Autriche se déciderait à prendre part à la lutte contre l'ennemi des vieilles monarchies : la garnison suédoise de Stralsund reçut des renforts, et devait opérer une diversion en Poméranie par une entreprise offensive : l'Angleterre promettait des subsides considérables en argent et en matériel, et un corps anglais devait passer sur le Continent. Tout était donc à la guerre, et il eût fallu, puisqu'on y était résolu, la pousser avec vigueur.

Pour ramener les Français en deçà de la Vistule, débloquer Dantzig et opérer vigoureusement sur la rive gauche du fleuve, il fallait des victoires. En vain se fût-on flatté d'arriver à ce but par de simples manœuvres. La méthode des premières guerres de la Révolution, qui consistait à se porter en avant sur toute la ligne, et à faire une suite d'attaques isolées, était abandonnée depuis que le génie de l'Empereur dirigeait les armées françaises. Les Russes d'ailleurs ne s'y étaient jamais conformés, et ce fut même dans les guerres de Turquie, dans cette école où Lascy puisa, dit-on, sa déplorable théorie, qu'ils apprirent précisément le contraire, c'est-à-dire à se concentrer le plus possible en masse. Dans le cas dont il s'agit, il eût fallu diriger l'attaque principale contre un des corps français, savoir retenir pendant ce temps les autres, et *diviser pour vaincre.* Néanmoins, ce n'eût été là qu'une ressource pour faciliter les premiers mouvements. Tôt ou tard, quelque direction qu'on donnât à l'attaque principale, on devait s'attendre à livrer bataille au gros de l'armée française. Rien n'était donc plus simple et plus naturel que d'examiner si l'armée alliée était en état de suffire à une pareille entreprise : or, le rapport du 20 février ne faisant monter le total des forces russes, y compris le corps d'Essen et les détachements intermédiaires, qu'à 68,867 combattants, et les forces prussiennes à 12,000 (en tout 81,000 hommes environ en nombres ronds), le premier soin du général en chef devait être de demander des renforts aussi prompts que considérables.

Pour recompléter les régiments, dont beaucoup s'étaient réduits de trois bataillons à un seul bataillon, étant restés sans aucun renfort depuis la bataille d'Austerlitz, il fallait 74,000 recrues. En novembre 1806, on avait décrété la formation d'une milice qui devait compter 661,000 hommes, et l'organisation de cette milice, ainsi que sa répartition entre les divers gouvernements de l'Empire, fut aussitôt réalisée... sur le papier. Un ucase du 21 mars ordonna que 200,000 hommes de cette milice renforceraient l'armée active. On voulait en former de nouvelles divisions, et tirer pour leur organisation une compagnie de chaque régiment d'infanterie et un escadron de chaque régiment de cavalerie. Mais l'immense étendue de l'Empire et les abus de tout genre rendaient le succès de cette colossale opération excessivement douteux ; et puis, était-on bien certain que ces 661,000 hommes couchés sur le papier, et particulièrement les 200,000 destinés à augmenter l'effectif de l'armée, fussent réellement disponibles ou existassent même ailleurs que dans les cartons des bureaux?

Bennigsen demandait qu'on lui adressât les hommes tels qu'ils seraient, sans les exercer et même, si l'on ne pouvait faire autrement, sans les habiller, espérant pourvoir à leur instruction et à leur habillement après leur arrivée à l'armée; il offrit même sa démission, parce qu'on restait sourd à ses réclamations. Enfin, après qu'on l'eut fait arriver de promesses en promesses jusqu'au commencement de mai, il vit enfin arriver 6,500 hommes environ, c'est-à-dire le centième à peu près de cette monstrueuse levée de 661,000 hommes.

Outre ces 6,500 recrues, l'armée russe reçut jusqu'au mois de mai les renforts suivants :

Garde impériale. . , ...	15,080	hommes.
Deux régiments d'infanterie.	2,500	»
Sortant des hôpitaux.	3,000	»
Cosaques, Kalmoucks, Bachkirs. . .	8,000	»
Troupes prussiennes nouvellement organisées	10,000	»
Total.	38,500	»

Ce qui fait, avec les 6, 500 ci-dessus, 45,000 hommes.

De ce chiffre il faut déduire environ 20,000 hommes, soit malades, soit déserteurs, soit perdus dans les engagements près de Heilsberg, Guttstadt, Allenstein, Braunsberg, Ostrolenka, sur la Nehrung et Weichselmunde, soit enfin détachés pour Dantzig et la Poméranie. Il s'ensuit que les forces russes, y compris le corps de la Narew, qui avait également reçu quelques renforts, se montaient à 120,000 hommes environ (1).

Si donc les Russes n'entreprirent rien jusqu'au commencement de juin, ce fut pour attendre des renforts; mais ce motif, le plus sérieux sans doute qu'on pût prêter à leur inaction, n'est d'aucune valeur, puisque ces délais n'amélioraient en rien leur situation relativement à l'ennemi.

L'entreprise la plus importante qu'on ait tentée dans le courant de mars, avril et mai, fut celle du général Kamensky dans le but de secourir Dantzig. Mais cette tentative, que devait appuyer sur la Frische-Nehrung un corps prussien sous le colonel Bülow, échoua par la trop grande disproportion des forces. Nous n'avons point à nous en occuper ici, et nous passons également sous silence la lutte mémorable dont les murs de Dantzig furent les témoins: elle est étrangère à notre cadre.

Vers le milieu de mai, il sembla qu'on voulût essayer, pour sauver la place serrée de près, de faire une attaque avec la masse des forces alliées. Le gros de l'armée russe fut rassemblé le 12 mai à Heilsberg. Les deux souverains se rendirent à l'armée, et l'on crut enfin qu'à la misère des cantonnements allait succéder une vie périlleuse sans doute, mais au moins plus active. Mais le camp de Heilsberg fut levé dès le 14, les troupes retournèrent dans leurs cantonnements, les monarques repartirent, et la nouvelle de la capitulation de Dantzig (25 mai) acheva de détruire les dernières espérances.

Si d'une part la chute de cette place faisait disparaître

(1) Les nouvelles divisions, fortes soi-disant de 35,000 hommes, mais n'en comptant en réalité que 16,000, ne joignirent l'armée que sur le Niémen.

le but le plus prochain qu'on espérait atteindre par une opération offensive, de l'autre on pouvait désormais être certain que Napoléon, renonçant alors au repos, reprendrait l'exécution de ses premiers projets et viendrait, renforcé par les troupes employées au siége, attaquer les Alliés. C'était le dernier moment où ceux-ci pussent encore tirer quelque avantage de la trop grande extension des forces françaises, et on résolut de ne point le laisser échapper.

L'armée, en conséquence, se concentra de nouveau au commencement de juin, et se trouva le 4 dans la position suivante :

1° L'avant-garde, sous Bagration (6 régiments de Cosaques, 10 escadrons de hussards, 42 bataillons et quelques batteries), à Launau, sur le chemin de Heilsberg à Wormdit, sur l'Alle ;

2° Le gros de l'armée, 42 bataillons, 140 escadrons (environ 11,000 chevaux), 6 batteries à pied et 3 à cheval (1), près d'Arensdorf, à l'intersection des routes de Heilsberg à Liebstadt et de Guttstadt à Wormdit ;

3° A une lieue en arrière du gros, près de Benern, la 1re division, sous le grand-duc Constantin (la garde russe et 4 régiments d'infanterie de ligne), en tout 28 bataillons, 30 escadrons, 2 batteries à pied et une batterie à cheval ;

4° Sur la rive droite de l'Alle, entre Heilsberg et Guttstadt, le prince Gotschakow, avec 12 batteries, 20 escadrons, 1 batterie et 3 poulks de Cosaques ;

(1) Les Russes avaient alors 2 bouches à feu annexées à chaque bataillon ; ces pièces ne sont pas comprises dans l'énumération des batteries.

5° L'hetman Platow avec 3 bataillons de chasseurs, 10 escadrons de hussards, 9 poulks de Cosaques et 12 bouches à feu d'artillerie à cheval du Don, également sur la droite de l'Alle, dans le voisinage de Bergfried et d'Alt-Wartenbourg, à 3 lieues nord d'Allenstein ;

6° La 7e et la 8e division, sous le général Dochtorow. 24 bataillons, 2 batteries à pied et 2 à cheval, près Neuhof et Wormdit ;

7° Le corps du comte Kamensky, parent du vieux maréchal congédié et officier de mérite (avec 12 bataillons de Russes et 27 escadrons de Prussiens), à Lilienthal, 4 lieues nord de Mehlsack.

Une division du corps de L'Estocq, sous le général Rembow, était à Mehlsack; le gros du corps, en tout 26 bataillons (dont 15 russes), 79 escadrons, 5 batteries à cheval, 5 à pied et 14 bouches à feu de régiments, se trouvait à Heiligenbeil et reçut l'ordre de faire une démonstration contre Braunsberg et la Basse-Passarge.

L'armée française occupait encore les positions indiquées plus haut : le 1er et le 4e corps le long de la Passarge, depuis Braunsberg jusqu'au voisinage de Liebstadt; le 6e (Ney) à Guttstadt; le 3e (Davoust) à Allenstein; la garde aux environs d'Osterode. La cavalerie de réserve, distribuée en majeure partie dans ses cantonnements entre la Passarge et la Nogat, se composait alors, non compris les brigades légères (18 régiments) réparties entre les corps d'infanterie, des troupes suivantes :

14 régiments de cuirassiers des divisions Nansouty, Saint-Sulpice et d'Espagne. . . . . 42 escad.

16 régiments de dragons (Latour-Maubourg, Klein, Walther et Broussier). . . . . 48 escad.

8 régiments de cavalerie légère. . . . . . . 24 escad.

Total... 114 escad.

Ajoutant à ce chiffre la cavalerie légère des corps d'armée (56 escadrons), on arrive à un total de 170 escadrons, formant une masse d'environ 17,000 chevaux.

Le 10e corps, commandé alors par Lannes, dont Masséna avait pris la place sur la Narew et à la tête du 5e corps, était en marche sur Marienbourg ; il se composait des grenadiers et voltigeurs d'Oudinot, de la division Verdier et des Saxons : en tout 32 bataillons, 5 escadrons et 2 batteries.

Le 8e corps (Mortier) était également venu de la Poméranie et avait déjà atteint Dantzig. Ces deux corps se portèrent le 6 sur Christbourg, puis sur Mohrungen, et rallièrent l'armée le 8. Pour le moment, toutefois, le corps principal des Russes n'avait devant lui que le seul corps du maréchal Ney, qui ne pouvait être soutenu que par le 4e et le 3e; encore ce dernier aurait-il pu fort bien en être empêché, la distance d'Allenstein à Guttstadt étant de plus de 8 lieues par le chemin le plus direct, tandis que du camp russe d'Arensdorf elle n'était pas tout à fait de 4 lieues.

Le 5 juin, à 3 heures du matin, l'armée russe se mit en mouvement dans l'ordre suivant :

La première colonne, 24 bataillons, 4 batteries, formée du corps de Dochtorow, devait se porter par Wormdit sur

Olbendorf, chasser de la rive droite de la Passarge les postes du corps de Soult, remonter la rivière jusque vers Elditten (2 lieues de Liebstadt), et y prendre position pour retenir le corps de Soult.

La deuxième colonne, 42 bataillons, 140 escadrons, 9 batteries (gros de l'armée), devait se porter d'Arensdorf sur Wolfsdorf, où on devait régler définitivement l'ordre de l'attaque contre le corps de Ney, avec le concours du prince Bagration.

La troisième colonne, 42 bataillons, 6 poulks de Cosaques, 10 escadrons de hussards (Bagration), devait se diriger de Launau sur Altkirch, et laisser un poste devant Péterswalde, jusqu'à ce que ce village fût enlevé et qu'on eût tourné les postes français qui s'y étaient retranchés et qu'on défendait expressément d'attaquer de front. D'Altkirch on devait marcher contre la position principale du corps français, que l'on présumait se trouver entre Glottau et Knopen.

La quatrième colonne, 12 bataillons, 20 escadrons, 3 poulks de Cosaques (Gotchakow), avait ordre d'attaquer le flanc droit du corps de Ney; une brigade devait en être détachée pour soutenir Platow; les avant-postes de Cosaques devant les villages de Liebenberg, Sternberg et Stolzenhagen, devaient y rester pour observer et arrêter les mouvements que l'ennemi pourrait exécuter du côté de Heilsberg.

La cinquième colonne, formée par le détachement de Platow, laissant ses avant-postes devant le 5e corps français, entre Willenberg et Jedwabno, devait traverser l'Alle à Bergfried et se jeter sur les derrières de l'ennemi.

La sixième division, 28 bataillons, 30 escadrons, 3 batteries (garde russe, etc.), devait se porter sur deux colonnes de Benern sur Pétersdorf, y prendre position et attendre des ordres.

Si ces dispositions avaient été exécutées sans retard, le corps de Ney, fort de 16,000 hommes environ (8 régiments d'infanterie, 6 de cavalerie légère et 4 de dragons), eût été étreint par une armée de 120 bataillons et 200 escadrons, tandis que quelques milliers de Cosaques coupaient ses communications. Le maréchal Ney, qui cinq ans plus tard déploya un courage surhumain dans une situation bien autrement désespérée, et sut faire franchir le Dniéper aux débris de son corps après le combat de Krasnoï, se serait certes vigoureusement défendu dans cette conjoncture périlleuse : car il n'était point de ces stratégistes timorés qui s'imaginent voir les ciseaux de la Parque suspendus sur leur tête à la moindre nouvelle ou à la moindre menace d'être tournés. Mais certainement aussi son corps aurait succombé sous le nombre, d'autant plus que, se fiant à son étoile et à celle de son empereur, Ney, au lieu de repasser immédiatement la Passarge, se mit assez audacieusement en position près d'Ankendorf, sur le chemin de Mohrungen. Néanmoins, comme ses troupes, disséminées dans divers campements, furent entraînées dans des engagements partiels, elles perdirent quelques mille hommes, dont 1500 prisonniers. Les Russes également perdirent environ 2000 des leurs.

Pour reconnaître et apprécier les causes qui firent aboutir à un si pauvre résultat une entreprise tentée avec des forces si considérables et dont le succès semblait aussi assuré, il nous faut jeter encore un coup d'œil sur l'ensemble de l'opération.

Dès le 4, le général L'Estocq, conformément aux ordres reçus, avait fait une démonstration du côté de Braunsberg et de Stegehnen, avec une partie de son corps, tandis que la division Rembow, après s'être portée de Mehlsack, par Wuhsen, contre la tête de pont de Spanden, s'était repliée, sur un contre-ordre de Bennigsen.

Le 5, cette division renouvela sa tentative, et le corps de Kamensky, près de Lilienthal, eut ordre de se tenir prêt à soutenir l'attaque.

La tête de pont de Spanden était occupée par la brigade du général Frère. Bernadotte, mis sur ses gardes par l'alerte de la veille, fit placer une brigade d'infanterie à Deutschdorf, et une autre entre Schloditten et Spanden; une division de dragons accourut également vers le point menacé, et le 17e dragons fut poussé en avant jusque sur la rivière, avec ordre de poursuivre l'ennemi aussitôt que, son attaque repoussée, il se mettrait en retraite. Le feu fut des plus vifs; Rembow fit jouer contre la tête de pont 29 bouches à feu et ramena plusieurs fois ses troupes à l'attaque : mais elles furent constamment repoussées. La division, après avoir perdu quelques centaines d'hommes, se replia sur Mehlsack. Ce n'était pas une entreprise facile que d'enlever un retranchement aussi judicieusement établi que vigoureusement défendu; et, en supposant même qu'on eût réussi, la prise de cette tête de pont aurait été de peu de conséquence pour l'opération principale. Il y avait moyen de retenir le premier corps autrement que par ces sanglantes attaques, et, si l'on tenait absolument à traverser la Passarge, fallait-il donc que ce fût justement sur le point où le passage était le plus difficile? Cette rivière, quand ses eaux ne sont pas très élevées, peut être franchie sur beaucoup de points sans pont, et l'on y passe même à gué avec des charrettes de foin : les sacrifices faits à Spanden étaient donc inutiles. Ney une fois battu, les Français auraient certainement abandonné la Passarge, et dans le cas contraire la prise de la tête de pont ne menait à rien. La possession de ce retranchement était donc sans aucune valeur pour les Prussiens ; mais, en admettant qu'il fût nécessaire de tenter l'attaque, on ne pouvait assurément la préparer d'une manière plus inepte qu'en faisant une démonstration qui donnait l'alarme à l'ennemi, pour se retirer ensuite et revenir le lendemain.

Suivant les dispositions de combat, Dochtorow devait chasser de la rive droite de la Passarge les postes du corps de Soult, prendre position à Elditten et empêcher ainsi ce corps d'aller au secours de Ney. Comme les Prussiens, il fit contre les retranchements français une attaque sanglante, dont le succès complet aurait peu fait pour celui de l'opération principale, et qui ne réussit même qu'à demi. La prise de la redoute de Lomitten, à laquelle contribuèrent quelques bataillons, 5 escadrons et 4 bouches à feu de la garde russe, coûta beaucoup de monde, et l'on ne put enlever à l'ennemi la tête de pont d'Elditten, sur le chemin de Liebstadt à Guttstadt. Le sacrifice de plusieurs centaines de braves soldats ne porta pas le moindre fruit, et il semble que ce corps eût bien mieux rempli sa mission en masquant le poste de Lomitten et en se postant avec le gros devant Elditten. Au lieu de cela, le corps passa la nuit près de Lomitten, ne laissant sur le point le plus important qu'un faible détachement. Pendant que la droite des Alliés faisait ces inutiles sacrifices, le gros de leur armée ne se hâtait nullement d'exécuter ce qui, en définitive, était l'objet de tous ces mouvements.

Bagration avait enlevé le village d'Altkirch, derrière lequel il rencontra une résistance opiniâtre qui aurait pu devenir la ruine des Français, si le gros avait marché en avant sans s'arrêter, et que la gauche eût pris part au combat, comme la disposition le lui prescrivait. Mais l'avant-garde, capable par le nombre de tenir seule tête à l'ennemi, préféra attendre que le gros lui envoyât un renfort qui vint trop tard de Pétersdorf. Des mésintelligences personnelles gâtèrent complétement cette journée : car il est évident que jamais on ne pouvait trouver une occasion plus belle d'user d'une grande supériorité numérique pour accabler isolément une partie de l'armée ennemie. Il n'y avait pour cela qu'à diriger immédiatement sur Ankendorf les troupes qui arrivaient à Pétersdorf, afin de couper la route de Guttstadt à Deppen et à Mohrungen; 140 escadrons de belle cavalerie n'attendaient qu'un souffle vivifiant pour prendre part à une action où il y avait beaucoup à gagner et rien à risquer. Que cette cavalerie se fût seulement montrée dans le voisinage d'Ankendorf, au lieu de former des lignes de statues, et jamais Ney ne serait parvenu à Deppen; il est hors de doute que l'illustre maréchal se serait vaillamment défendu, mais, quant à marcher sur la Passarge, il se serait vu forcé d'y renoncer, pour chercher son salut vers le sud, du côté d'Allenstein, où un pays boisé aurait favorisé sa retraite, mais où les corps de Gotchakow et de Platow auraient pu aussi concourir activement à sa ruine.

Au lieu d'agir ainsi, les différentes colonnes se rallièrent sur Quetz, où on laissa l'avant-garde, tandis que l'armée prenait position entre le lac de Neuendorf et le village de Glottau, dans lequel Bennigsen établit son quartier-général. A 3 heures de l'après-midi tout fut fini; Rembow resta à Mehlsack, ayant ses avant-postes près de Wuhsen; Dochtorow était à Lomitten, et Kamensky se porta sur Mehlsack.

Ney passa la nuit à Ankendorf. Le 6, l'avant-garde marcha à l'attaque, la colonne de gauche faisant inutilement le tour du lac de Quetz, au lieu de se porter droit sur Ankendorf, en le laissant à gauche. L'armée suivit l'avant-garde. Ney, après avoir repoussé la première attaque, se replia par Heiligenthal, où il fit face à l'ennemi encore une fois, puis se dirigea sur Deppen et repassa la Passarge sans être inquiété. Quant à la grande masse de cavalerie russe, les Français ne s'aperçurent de sa présence que parce qu'ils la virent se déployer dans le lointain, les Russes l'ayant plusieurs fois fait mettre en bataille sur des éminences où cette manœuvre fait un bel effet, comme s'ils s'étaient imaginé qu'on pouvait suppléer au défaut d'action par de splendides décorations.

Bagration suivit l'ennemi sur les bords de cette fameuse Passarge ; ses chasseurs la franchirent aussitôt : mais le passage de ce nouveau Rubicon n'était pas dans les idées du général russe. On rappela les troupes et on mit l'avant-garde en position le long de la rive droite. L'armée campa près de Deppen et de Heiligenthal, ayant Gotchakof en réserve à Knopen, non loin de Guttstadt ; Dochtorow fut également ramené sur le gros.

L'armée resta dans cette position jusqu'au 7 au soir, pendant que le général en chef, se rendant à Guttstadt, probablement pour affaires d'approvisionnement, laissait le commandement au grand-duc Constantin. Tous ceux qui avaient cru qu'il s'agissait dans cette opération de faire une vigoureuse attaque contre l'ennemi avant qu'il eût concentré toutes ces forces durent être fort étonnés de la tournure que prenaient les choses. Des avant-postes russes on voyait distinctement des mouvements de troupes s'effectuer de l'autre côté de la Passarge; de nombreux corps de cavalerie semblaient se diriger vers Liebstadt, et tout soldat qui avait jamais entendu parler de Napoléon devait être bien convaincu que l'Empereur mettrait cette journée à profit pour l'accomplissement de ses projets, au lieu de la perdre à ne rien faire. Ceux qui, dans l'armée russe, se prétendaient informés des plans de leur général, assuraient que l'armée allait prendre sur sa gauche, afin d'aller attaquer à Allenstein le corps de Davoust, qu'on faisait observer par un détachement placé à Münsterberg.

Cet espoir consolait un peu l'armée des négligences des jours précédents, et soutenait cette force morale que tout mouvement en avant inspire aux troupes. Mais dès le soir même l'armée fut ramenée à Quetz, et le quartier-général à Glottau. On y resta jusqu'au 8 vers midi; alors, apprenant que Soult avait franchi la Passarge à Elditten et se dirigeait vers Wolfsdorf, sur la route de Guttstadt, on fit encore reculer l'armée jusqu'à ce dernier endroit. Bagration eut ordre de se rendre à Quetz; Gotchakow fut détaché sur Heilsberg, pour occuper la position qui s'y trouve; un détachement de 5 bataillons, 5 escadrons, 1 poulk de Cosaques et 6 bouches à feu, occupa le poste de Launau, considéré comme important pour la position de Heilsberg.

Kamensky apprit également à Mehlsack la marche du corps de Soult, qui le coupait de l'armée russe. Avec son corps de 11,000 hommes environ, y compris la division Rembow, il pouvait d'autant moins tenter une entreprise isolée, que le gros de l'armée, qui aurait très bien pu attaquer Soult, s'était retiré sur Guttstadt aussitôt que la nouvelle du passage des Français lui fut parvenue. Kamensky avait donc à choisir entre l'armée principale et le corps de L'Estocq, étant forcé de renoncer à ses communications avec l'un ou avec l'autre. Croyant que l'armée russe allait prochainement livrer une bataille décisive, et plein d'un zèle fort louable, il résolut de se porter sur Guttstadt, en laissant, pour couvrir la gauche de L'Estocq, un détachement de 3 bataillons et 8 escadrons, qui devait, s'il était serré de trop près, se replier sur Zinten. Il expédia à L'Estocq un officier porteur de cette décision, et se mit en marche à 10 heures du soir, avec 21 bataillons et 27 escadrons, pour gagner Guttstadt par Wormdit. Le lendemain matin, son avant-garde donna sur les Français près de Dietrichsdorf. Obligé de retourner sur Wormdit, Kamensky y soutint un engagement insignifiant, et rejoignit le 10, à Heilsberg, l'armée russe, qui s'y était retirée le 9 pendant un engagement meurtrier soutenu par Bagration, dont l'infanterie essuya des pertes considérables. Les Français avaient repris une vigoureuse offensive.

C'était le 5 au soir que Napoléon avait reçu dans son quartier-général de Finkenstein le premier avis des mouvements de l'ennemi. Il revenait de visiter Dantzig et de passer en revue le 8e et le 10e corps d'armée. Ces deux corps reçurent aussitôt l'ordre de prendre dans les magasins de Marienbourg 4 jours de pain, et de se faire suivre d'un approvisionnement égal. Ils se mirent en marche le 6 et atteignirent le 8 la Passarge, où Napoléon lui-même avait rejoint le 7 le corps de Ney. Le 9 juin, le 4e, le 6e, le 10e corps, la garde impériale et la plus grande partie de la cavalerie de réserve étaient réunis près de Guttstadt et chassaient Bagration de sa position. Celui-ci se retira en passant l'Alle sur 4 ponts ; son infanterie de ligne, son artillerie et sa cavalerie parvinrent à gagner sans de trop grandes pertes les bois de la rive droite; mais les chasseurs furent sabrés par la cavalerie française, qui mit plusieurs régiments en fort mauvais état.

Le gros de l'armée russe arriva tard dans la soirée dans la position de Heilsberg. Bagration demeura pendant la nuit près de Reichenberg, sur la rive droite de l'Alle, d'où il ne repassa sur la gauche que le lendemain, pour recevoir le détachement posté à Launau, et qui dans la matinée du 10 avait encore été renforcé de 6 bataillons, 5 escadrons et quelques bouches à feu. L'armée russe était revenue au même point où elle s'était réunie quelques jours auparavant, sans qu'il y eût eu rien de fait pour s'assurer un avantage quelconque, sinon une victoire.

Dans l'examen de ces divers événements nous avons à peine trouvé quelque occasion de parler de la cavalerie en particulier; il semblerait que, sortant de notre sujet spécial et perdant de vue le plan de notre ouvrage, nous nous soyons engagé dans une description générale de la guerre. Mais nous avons déjà exposé ci-dessus les motifs qui nous ont déterminé à être ici plus explicite que de coutume, un récit un peu plus circonstancié de cette campagne nous paraissant utile pour notre but même. Rappelons ici ce que nous avons déjà montré plusieurs fois, ce qui se répète partout et à toutes les époques, un fait dont les campagnes de la guerre de Sept-Ans, notamment celles de 1757 et 1758, les plus brillantes dans l'histoire de la cavalerie, nous offrent de nombreux exemples : c'est que la plus forte et la plus brave cavalerie n'a guère l'espoir d'agir avec éclat et avec vigueur, lorsque le général en chef regarde comme le but suprême de ses efforts de repousser l'attaque de l'ennemi et de conserver sa position : c'est qu'enfin dans les batailles défensives la participation de la cavalerie ne dépend que de circonstances qui sont en dehors de la volonté et du pouvoir du général.

Tel fut, en effet, le sort des 205 escadrons russes et des 27 escadrons prussiens qui, le 10 juin, attendaient dans la position de Heilsberg l'attaque des Français. Les occasions de faire sentir à l'ennemi leur supériorité en choisissant elle-même le lieu et le moment de l'attaque avaient été manquées le 5, le 6 et le 7 juin ; maintenant cela dépendait de l'ennemi de la faire battre où et comment il lui conviendrait.

On a adressé bien des reproches à Bennigsen à propos du choix de cette position de Heilsberg. Ainsi on a dit que la route de Kœnigsberg par Landsberg n'était pas défendue, et que l'armée russe, séparée en deux par l'Alle, avait le gros de ses forces sur la rive droite, où une attaque des Français était le moins probable, puisque toute leur armée se trouvait sur la rive gauche.

Bataille de Heilsberg.

La petite ville de Heilsberg est située sur la rive gauche

de l'Alle ; le bailliage, réuni à la ville par une rue bordée de granges et de petites maisons, se trouve sur la droite, dont les hauteurs commandent la rive gauche et le pays voisin. Ces hauteurs avaient été fortifiées avec soin à l'aide de retranchements qu'on fit occuper le 10 juin par la 2e division, qui avait beaucoup souffert dans les engagements des jours précédents. En outre, on établit sur la droite la garde russe, et plus tard on y fit encore passer le corps de Bagration. Le gros de l'armée, formé de la 3e, 4e, 5e, 6e, 7e, 8e et 14e division, avec près de 200 escadrons de cavalerie dont 27 de Prussiens, fut mis en position sur la rive droite de l'Alle, entre Heilsberg et Grossendorf, l'aile droite recourbée en arrière vers Konegen. Trois redoutes servaient de points d'appui à l'infanterie, qui, à part les garnisons des redoutes, une réserve de 12 bataillons et les chasseurs poussés en avant, était formée sur deux lignes, la première composée des 1er et 3e bataillons de chaque régiment, déployés en bataille, la seconde composée des 2es bataillons placés en colonnes serrées derrière les intervalles. Presque toute la cavalerie était sur l'aile droite; la cavalerie prussienne tout près de l'infanterie, la cavalerie russe plus en arrière, formée sur deux lignes avec une forte réserve, faisant face au village de Grossendorf, et les Cosaques, qui formaient l'extrême droite, s'étendant jusque vers Konegen.

Le village de Grossendorf est situé à une petite lieue au nord de Heilsberg, sur le chemin qui mène à Eylau. Devant le village, du côté de Heilsberg, s'étend un lac d'environ 2000 pas de long du nord au sud, et dont la plus grande largeur est d'environ 1000 pas. Du lac sort au sud-ouest un petit ruisseau, appelé Speibach, qui, à une demi-lieue de son origine, se réunit à un autre ruisseau et se rend dans l'Alle, en passant devant le village de Ladwen et décrivant un arc de cercle qui tourne au Sud ; il atteint cette rivière à une lieue au-dessus de Heilsberg, après avoir coupé la route de cette ville à Guttstadt, par Launau et Beverniken. Entre Lawden et Grossendorf, ce ruisseau est bordé de quelques petits bois sur la rive gauche. Le reste de l'espace compris entre le Speibach et l'Alle, jusqu'à l'Elmbach, qui se jette dans l'Alle, près de Konegen, est un terrain ouvert formant un plateau peu élevé, surmonté de quelques éminences arrondies et sillonné par quelques dépressions, et dont les bords forment en partie des escarpements assez brusques du côté de l'Alle. Tous les chemins qui, sur la rive gauche de l'Alle, conduisent à cette position, traversent le Speibach. Le chemin d'Eylau passe entre le lac de Grossendorf et le petit lac de Konegen ; celui de Bartenstein longe la rive droite de l'Alle, sur laquelle on avait jeté plusieurs ponts. La position retranchée près du bailliage était tout à fait propre à assurer la retraite, que pouvait en outre protéger le Semsebach, qui se jette dans l'Alle sur la droite, tout près de Heilsberg. Les avantages du terrain, augmentés encore par des retranchements, étaient assez considérables de ce côté, pour attendre avec confiance une attaque par la rive droite du côté de Guttstadt. Au delà du Speibach, la route de Wormdit et de Liebstadt, en longeant l'Alle, traverse plusieurs sections de terrains assez importantes, d'abord à Beverniken, puis à Launau. Derrière Launau commence la forêt qui se lie presque sans interruption à celles qui sont au nord de Heilsberg et qui, à la distance d'une à deux lieues, traçaient un arc autour de la position des Russes. Cette dernière circonstance offrait à l'ennemi un double avantage : celui de pouvoir faire ses dispositions d'attaque sans être ni découvert ni troublé, et celui de mettre ses troupes en sûreté, si son attaque était repoussée, et de couvrir ses dispositions ultérieures.

Cet examen de la position, dont nous n'avons pas besoin d'indiquer le détail, nous fait comprendre le motif de la conduite de Bennigsen. Ce motif, c'est que ce général, en réunissant toutes ses forces dans une position incontestablement avantageuse pour une bataille défensive et où il les avait en quelque sorte sous la main, se fiait sur la bravoure de ses troupes, et se flattait que leur vigoureuse résistance parviendrait à conserver le champ de bataille comme à Eylau et à Pultusk. Voilà où se bornaient ses vues, ses plans et ses espérances. Comment expliquer sans cela qu'il se décidât à attendre la bataille dans cet endroit, quand il fallait maintenant la livrer à toute l'armée française avec les mêmes forces qui, quelques jours auparavant, s'étaient contentées d'une faible tentative contre le quart à peine de cette armée à Guttstadt et à Ankendorf?

Il y a peu de combats considérables dans nos guerres modernes, dont il soit aussi facile de tracer en quelques lignes un récit fidèle et suffisant, que le combat soutenu le 10 juin par l'armée russe, dans les positions que nous venons d'indiquer.

Le 9, Napoléon avait concentré près de Guttstadt le 3e, le 5e, le 6e, le 8e, le 10e corps, la garde impériale et la majeure partie de la cavalerie de réserve. Le 10, ces forces se portèrent dans la direction de Heilsberg, où se rendait également de Wormdit le 4e corps (Soult); un détachement fut laissé à Guttstadt. Le détachement russe posté à

Launau (11 bataillons, 10 escadrons, 1 poulk de Cosaques), sous les généraux Lwow et Barasdin, fut rejeté sur Beverniken, où Bagration le reçut derrière le Speibach. Mais Soult, secondé par trois divisions de cavalerie commandées par Murat, attaqua vivement le corps de Bagration lui-même et l'obligea de se replier sur Heilsberg, en lui faisant essuyer des pertes considérables.

La cavalerie française tournait le village de Langwiese, tandis que son artillerie faisait contre la position des Russes un feu meurtrier. Bagration ayant envoyé sa cavalerie au devant de celle de l'ennemi, la vit culbutée ; il avait d'autant moins compté pouvoir tenir longtemps dans sa position, que l'ennemi paraissait en force à Launau, et qu'évidemment le gros des forces françaises était dirigé contre lui ; en outre, ses troupes, qui avaient sans cesse été au feu dans les engagements des jours précédents, lorsque le gros de l'armée ne faisait rien du tout, étaient harassées de fatigue. Il se retira donc en repassant le Speibach. Avant que sa retraite ne fût achevée, Bennigsen envoya à sa rencontre un corps de 25 escadrons sous le général Uwarow, qui s'avança sur deux colonnes. Celle de droite se dirigea sur le village de Lawden ; mais, le trouvant déjà occupé par l'ennemi, elle se retira sans coup férir, n'osant, dans ces circonstances, tenter le passage du ruisseau. L'autre colonne, commandée par le général Koschin, franchit le Speibach par le chemin de Beverniken. Elle trouva le corps de Bagration déjà vaincu ; néanmoins elle tourna aussitôt à droite, chargea bravement la cavalerie française, et parvint au moins à donner à Bagration le temps de passer le ruisseau et de remettre ses troupes en ordre, vigoureusement secondé par une batterie que le grand-duc Constantin fit avancer sur la rive droite de l'Alle. Le général Koschin, qui s'était déjà distingué à Pultusk, mourut dans cette affaire de la mort des braves, et la troupe relativement faible qu'il commandait (un peu plus de 1,000 chevaux) sauva certainement le corps de Bagration d'une déroute complète. Ce corps fut enfin rappelé sur la rive droite de l'Alle par le bailliage de Heilsberg. Il était 4 heures passées, lorsque les Français eurent obtenu ces avantages, et se disposèrent sur le Speibach à faire l'attaque de la position principale des Russes.

Ignorant les dispositions prises par Napoléon, nous devons nous borner à les indiquer telles que les rapports les ont fait connaître et qu'on les vit se réaliser du côté des Russes. Probablement il croyait que la majeure partie de l'armée était sur la rive droite de l'Alle, et ne comptait pas rencontrer sur la rive gauche une résistance aussi ferme. Peut-être aussi son esprit, ennemi des demi-mesures, le poussa-t-il à tenter un coup décisif qui pouvait lui procurer des avantages considérables s'il réussissait, tandis que, s'il échouait, il avait la certitude de ne pas le voir retomber sur lui-même et d'en être quitte, tout au plus, pour une perte d'hommes.

Le 4e et le 10e corps, une partie de la garde et de la cavalerie, s'avancèrent, vers 5 heures du soir, contre la position de l'armée russe, pendant que les autres corps, encore en arrière, se formaient dans le voisinage de Beverniken et de Langwiese, à mesure qu'ils arrivaient.

Le 4e corps (divisions Saint-Hilaire, Leval et Legrand) se porta contre le centre des Russes ; il était suivi de la division de cuirassiers d'Espagne, de la division de dragons de Latour-Maubourg et d'une brigade de cavalerie légère allemande. En même temps, le 10e corps s'établissait dans le bois de Lawden après en avoir chassé les Russes. Les fusiliers de la garde, commandés par Savary, soutenaient la division Saint-Hilaire. Sans tenir compte du feu terrible que faisaient les Russes, ces braves troupes pénétrèrent jusqu'à la redoute du milieu, derrière laquelle était rangé le corps du général Kamensky avec 5 escadrons de houlans prussiens. A quelque distance de ce corps se tenait le reste de la cavalerie prussienne, et plus en arrière la masse principale de la cavalerie russe, comme nous l'avons déjà expliqué.

Kamensky crut saisir un moment où la cavalerie devait agir : il ordonna au commandant des 5 escadrons de houlans de charger. Son idée fut, sans aucun doute, qu'on devait dans ce moment faire donner un corps considérable de cavalerie, mais la cavalerie russe n'était pas placée sous ses ordres, et la cavalerie prussienne ne reçut l'ordre d'attaquer que partiellement et d'une manière vague, sans que son action fût réglée par aucune disposition positive.

Les 5 escadrons de houlans, forts à peine de 300 chevaux, le régiment s'étant notablement fondu par la désertion des Polonais, se portèrent au trot contre une masse d'infanterie française qui s'avançait sur plusieurs colonnes. Reçus par une vive fusillade, ils tournèrent bride et furent vivement ramenés par la cavalerie française.

Dans ce moment, soit par une erreur, soit par la faute de quelque officier, l'artillerie russe fut retirée de la redoute du milieu, où les Français pénétrèrent aussitôt. Mais ils ne gardèrent pas longtemps leur conquête, car les cris de *vive l'Empereur !* retentissaient encore que déjà la brigade du général Warnek rentrait dans la redoute et en chassait les Français par une vigoureuse charge à la baïonette : de nombreux cadavres jonchaient le sol du retranchement, prouvant que la baïonette ne fut pas en cette occasion une simple *manière de parler;* Warnek lui-même y perdit la vie.

Pendant que l'infanterie se battait vaillamment sur ce point, les cuirassiers du général d'Espagne étaient arrivés de Lawden. Le 2e bataillon du régiment des houlans prussiens se rallia sous la protection du 1er bataillon et du régiment de dragons de Zieten. Ces deux régiments chargèrent les cuirassiers français, qui s'avançaient au pas, en bon ordre et serrés en masse. Il y eut un engagement des plus vifs qui finit par la retraite des cuirassiers, refoulés avec une perte notable jusqu'au bois de Lawden. Le régiment de Zieten se distingua principalement dans ce combat, en culbutant encore les tirailleurs du 10e corps, accourus pour soutenir les cuirassiers. Il arrive souvent que dans les combats de cavalerie l'un des deux adversaires tourne bride avant que le choc ait lieu, et beaucoup de gens s'imaginent qu'en règle générale il en est ainsi ; mais l'engagement dont nous parlons ici est une preuve du contraire : on se battit avec acharnement avant que les Français cédassent le terrain, et il y eut des blessures à foison. Les *Victoires et Conquêtes* (XVII, page 164) parlent d'un officier français qui reçut 52 blessures ; le capitaine Gebhardt, du régiment des houlans, en avait reçu pour sa part 20 et quelques; armé d'une lance, contrairement à l'habitude des officiers, il s'en était vaillamment escrimé jusqu'à ce qu'elle se rompit entre ses mains : se servant alors du reste de la lance comme d'une massue, il frappait à coup redoublés sur les casques et les crânes des cuirassiers, jusqu'à ce que l'un d'eux le renversa lui-même de son cheval d'un coup de latte. Des deux côtés on se battit vaillamment : les Français avec l'acharnement de cette confiance que donne l'habitude de vaincre; les Prussiens avec une sorte de rage, s'obstinant à faire plier sous leurs efforts ces fiers ennemis qui avaient ruiné et leur armée et leur patrie. Mais le plus beau fait d'armes de cette affaire fut accompli par les deux escadrons de hussards de Prittwitz, commandés par le major Cosel; cette troupe exécuta ce que Kamensky avait demandé aux houlans, saisissant, il est vrai, un moment plus favorable. Au moment où l'infanterie qui avait repoussé les houlans et enlevé la redoute, en était chassée par l'infanterie russe, les deux escadrons de hussards la chargèrent vigoureusement, la rompirent, et sabrèrent un bataillon du 55e régiment; enfin, après avoir encore repoussé la cavalerie légère française, qui venait au secours de son infanterie, ils se replièrent sur les lignes russes en laissant plus de 30 des leurs sur le terrain; mais leur retraite se fit dans le meilleur ordre et des applaudissements bruyants les accueillirent.

Le combat, qui s'était engagé le long de la position principale vers 5 heures, cessa vers 9 heures du soir. Ce ne fut point une bataille décisive; cependant on pouvait féliciter le général russe d'avoir pu résister. Mais le chef de l'armée française, loin d'avoir rien perdu à cette affaire, y avait vu seulement retarder un peu l'exécution de ses plans, auxquels il était moins que jamais disposé à renoncer.

Si nous n'avons parlé de la cavalerie russe que dans l'indication des dispositions prises pour la bataille, et qu'ensuite il n'a été question cependant que des 27 escadrons prussiens, c'est que réellement la cavalerie russe, réunie en masse sur l'aile droite, ne fit absolument rien ; elle assista, en témoin oisif, à une bataille d'infanterie où la cavalerie prussienne, séparée de celle des Russes, se trouva engagée en quelque sorte par hasard et sur les ordres seuls de Kamensky. Tout cela tint à la première ordonnance de l'armée, qui ne saurait assurément servir de modèle en ce genre. Jamais on ne trouvera dans nos écrits qu'il faille concentrer la cavalerie en masses nombreuses, pour n'en rien faire; cette concentration peut quelquefois nuire à l'action de la cavalerie; mais c'est là une exception qui ne saurait nullement infirmer le principe.

Le 11 juin, l'empereur des Français rangea son armée en bataille pour le cas où l'ennemi, essayant de tenter une seconde fois le sort des combats, viendrait l'attaquer à son tour. Il s'étendit sur sa gauche et poussa le corps de Davoust et quelque cavalerie en avant vers Grossendorf, sur le chemin d'Eylau. Bennigsen garda sa position de la veille, mais il détacha Kamensky avec son corps et la cavalerie prussienne, avec ordre de se porter sur Eylau par Bartenstein et de rejoindre de là le corps de L'Estocq. Le départ de ce détachement nécessita quelques changements. La garde et la 2e division passèrent sur la rive gauche de l'Alle et formèrent alors la réserve, tandis que les troupes qui formaient la réserve la veille entrèrent en ligne. Les deux armées restèrent ainsi dans leurs positions respectives jusqu'à 9 heures du soir, où les Russes se mirent en retraite sur Bartenstein, en repassant l'Alle et sans être aucunement inquiétés.

Le corps de L'Estocq, quittant Heiligenbeil le 12, se retira également par Zinten sur Kœnigsberg, afin de prendre les devants sur le 1er corps français, commandé par Victor, qui avait marché par Spanden sur Mehlsack. Le 13, L'Estocq et Kamensky firent leur jonction à Ludwigswalde, où le corps russe s'était rendu à marches forcées par Eylau et Uderwangen.

Ces mouvements des Alliés avaient été dictés par la conviction que dès le 11 juin un corps français considérable était en marche sur Kœnigsberg. Cette idée, quoique confirmée par plusieurs reconnaissances, était erronée : car le 12 juin, le gros de l'armée française était encore à Heilsberg, Davoust à Grossendorf, et le 1er corps en marche de Mehlsack sur Eylau, où il fit sa jonction avec l'armée le 12.

Ce ne fut que le 13 juin que le grand-duc de Berg eut ordre de se porter en avant par la route directe d'Eylau, avec la majeure partie de la cavalerie de réserve, afin de passer le Frisching à Gross-Lauth et de pousser sur Kœnigsberg. Il fut suivi du 3e corps, tandis que le 4e marchait sur Kreutzbourg. Le but de Napoléon était d'attaquer le corps de L'Estocq avant qu'il eût le temps d'atteindre Kœnigsberg, de le défaire et de s'emparer alors de cette ville sans rencontrer de résistance sérieuse.

L'Estocq prit position d'abord à Gollau, puis à Karschau. Soixante-neuf escadrons de cavalerie prussienne, qui s'y trouvaient réunis, furent rangés en bataille pour essayer encore une lutte contre les troupes de Murat, le terrain entre Gollau, Ludwigswalde et Karschau, paraissant propre à servir de champ de bataille à cette cavalerie. Mais les Français s'avancèrent avec prudence. Le général L'Estocq, craignant, si la supériorité numérique de l'ennemi donnait une tournure fâcheuse à l'affaire, de ne plus être à même de défendre Kœnigsberg, privé d'ailleurs de toute espèce de nouvelles de la grande armée russe, jugea plus prudent d'éviter un engagement sérieux. Il n'y eut donc là qu'une petite affaire d'arrière-garde. La dernière occasion qui s'offrit à la cavalerie prussienne de faire quelque chose de notable se perdit par le concours de circonstances fâcheuses, et l'on battit en retraite derrière le fossé qui entoure du côté du sud les faubourgs et le voisinage immédiat de la ville. Cette retraite ne se fit pas sans quelque désordre, ni sans perte : 3 escadrons de hussards, entre autres, qui depuis le premier engagement, à Schleitz, avaient fait toute la campagne et qu'on avait détachés en avant sur Brandenbourg, furent coupés et fait prisonniers.

Dans la matinée du 12 juin, après que les Russes se furent retirés, les Français occupèrent Heilsberg et rétablirent les ponts sur l'Alle. Deux brigades de cavalerie légère, soutenues par une division de dragons, suivirent l'arrière-garde russe sur la rive droite de l'Alle, du côté de Bartenstein. Quelques bataillons saxons restèrent à Heilsberg et aux environs. L'armée, quittant ses campements de Lawden et du voisinage, se porta sur Eylau, d'où Soult, Davoust et Murat marchèrent sur Kœnigsberg, comme il a été dit. Le 13, Lannes se porta par Domnau du côté de Friedland, avec le 10ᵉ corps et 2 divisions de cavalerie; Mortier avec le 8ᵉ corps fut dirigé sur Polpasch ; Ney avec le 6ᵉ corps sur Lampasch (l'un et l'autre entre Eylau et Domnau); Victor, avec le 1ᵉʳ corps, et la garde impériale, restèrent à Eylau près de la route de Bartenstein. Le soir, Latour-Maubourg passa sur la rive gauche de l'Alle, après que les Russes eurent évacué Schippenbeil, et fit sa jonction avec Lannes à Bothkeim, entre Domnau et Friedland. L'avant-garde de Lannes, formée par une brigade de cavalerie légère et quelques escadrons de cuirassiers saxons, en tout 8 escadrons, s'avança jusqu'à Friedland : mais elle en fut chassée par l'avant-garde russe et ramenée jusqu'à Georgenau.

Voici comment cette rencontre s'explique : Bennigsen, après avoir pris position avec son armée, le 13 au point du jour, entre Romsdorf et Honigbaum, près de Schippenbeil, avait envoyé en avant, du côté de Friedland, le prince Galitzin avec 15 escadrons et 4 bouches à feu. La cavalerie de la garde le suivait, de sorte que ce général se trouvait à 5 heures du soir à Friedland, en face des 8 escadrons français, avec 32 escadrons et 20 pièces d'artillerie à cheval. Les Français furent repoussés, comme de raison. Les Russes occupèrent le terrain entre Sortlack, Posthenen, Heinrichsdorf et Friedland, sur la rive gauche de l'Alle, sans que personne pût les en empêcher, la faible avant-garde de Lannes ayant été rejetée sur Georgenau. Mais ils ne poussèrent pas plus loin, ce qui pourtant aurait été extrêmement nécessaire : sans doute on négligea cette précaution essentielle parce que l'infanterie de la garde russe, qui formait la tête de l'armée partie de Schippenbeil, n'arriva que le soir fort tard à Friedland, après une marche de plus de 8 lieues; tout le reste de l'armée n'arriva que dans la nuit. Bennigsen arriva de sa personne à Friedland à 8 heures du soir.

Les renseignements sur la position de l'armée française disaient que le général Oudinot, avec 16,000 hommes environ (grenadiers et voltigeurs), se trouvait derrière Posthenen, formant la droite des Français ; que 40,000 se trouvaient dans le voisinage de Domnau et autant environ à Eylau, où l'empereur avait son quartier-général.

Ces données, exactes pour le fond, devaient évidemment engager le général russe à se jeter sur le corps ennemi le plus rapproché, d'autant que l'ordre formel de l'empereur Alexandre était de sauver Kœnigsberg, si cela était possible : à cet effet il fallait repasser sur la rive gauche de l'Alle. Voulait-on réellement tenter un coup vigoureux par un retour à l'offensive, il est incontestable qu'on devait se hâter de frapper ; car si Napoléon s'était en effet étendu trop hardiment de manière à toucher Friedland par sa droite, tandis que le gros était à Eylau et à Domnau, et que la gauche menaçait Kœnigsberg, on pouvait être certain qu'en apprenant et en voyant ce qui se passait il prendrait de promptes dispositions pour se concentrer rapidement. Si, au contraire, on craignait de rencontrer trop de difficultés dans l'état de l'armée russe pour porter à l'ennemi divisé un coup rapide avec les forces concentrées, le passage sur la rive gauche de l'Alle était inutile et plein de dangers. En un mot, dès qu'on était résolu de ne se battre que dans des positions défensives, on ne pouvait guère en trouver une plus mauvaise et plus mal choisie que celle de Friedland, adossée à l'Alle. Se mettre en bataille dans cette détestable position, laisser à l'ennemi tout le loisir nécessaire pour se concentrer et faire ses dispositions, attendre ensuite son attaque, se laisser enfermer dans un demi-cercle et faire coucher sur le carreau un quart de l'armée, pour prendre enfin le parti désespéré de regagner la rive droite de l'Alle en se faisant jour à travers l'ennemi les armes à la main, voilà certes des dispositions que personne au monde ne saurait être tenté d'approuver. Les plans de ce genre naissent ordinairement d'une réunion de demi-mesures, et les demi-mesures ne sont guère, le plus souvent, que les pires moitiés des idées diverses entre lesquelles on balance et qu'on cherche en vain à concilier, pour n'en faire qu'un ensemble déplorable. Ajoutons que, s'il est vrai, comme l'affirme Plotho (1), que le 13 au soir Bennigsen ne s'occupait que de la sécurité du quartier-général, qu'il n'était pas du tout question de bataille, et que le général russe se trouva contre son gré entraîné dans cette lutte décisive, l'expression de demi-mesure est elle-même de moitié trop bénigne pour caractériser ce qui se passait dans l'armée russe.

Bataille de Friedland.

Dans la nuit, l'armée russe défila sur les ponts de l'Alle et se rangea dans la petite plaine devant Friedland, l'aile droite sur le chemin qui conduit le long de la rivière à Allenbourg, la gauche appuyée à l'Alle entre Sortlaken et Friedland, le centre un peu courbé en avant vers Posthenen, sur le chemin de Domnau. De cette manière, les Russes avaient Heinrichsdorf devant leur droite, Posthenen devant leur centre, la grande forêt de Sortlaken devant leur gauche. Le terrain qui s'étendait devant le front de leur armée est inégal et couvert en grande partie de bois; la plaine même que l'armée occupait est coupée par un petit ruisseau, le Mühlenfliess, qui se jette dans l'Alle près de Friedland; quatre passerelles jetées sur ce ruisseau assuraient les communications des deux ailes. Enfin, outre le pont dormant de Friedland, on avait jeté sur l'Alle trois ponts de pontons; mais ces ponts étaient tous trois près de la ville, de sorte qu'une retraite en présence de l'ennemi de-

(1) Campagne de 1806-7, page 161.

vait inévitablement être accompagnée de grandes difficultés, puisqu'on n'arrivait aux ponts qu'en traversant la ville, où chaque obus qui éclatait pouvait faire naître la plus funeste confusion.

La 14e division d'infanterie et 20 escadrons restèrent sur la rive droite. En défalquant ces troupes et quelques détachements, l'armée réunie sur le champ de bataille s'élevait à un peu plus de 60,000 hommes (151 bataillons, 180 escadrons, 19 poulks de Cosaques), distribués comme il suit dans la position que nous venons de décrire. Les régiments d'infanterie de la première ligne avaient leurs 1ers et 3es bataillons déployés en bataille, leurs 2es bataillons en colonne derrière les intervalles. La seconde ligne était composée entièrement de colonnes par bataillons. Un nombreux corps de cavalerie fut posté sur la droite, un autre, plus faible, sur la gauche; le reste, en deux masses, se plaça en réserve derrière l'infanterie. Dix régiments de chasseurs, d'un effectif extrêmement réduit, se logèrent dans la forêt de Sortlaken, dans laquelle les Français, de leur côté, avaient jeté dès le matin plusieurs bataillons. A 9 heures du matin toutes ces dispositions étaient exécutées; elles auraient peut-être été convenables pour attendre une attaque, si le terrain devant le front de l'armée n'eût pas tant favorisé les dispositions et les mouvements de l'ennemi, et si la rivière à laquelle les Russes étaient adossés n'avait pas rendu la retraite excessivement difficile et périlleuse : mais ainsi la bataille se livrait dans les conditions les plus défavorables pour les Russes, dès qu'ils étaient résolus surtout de se tenir sur la défensive.

Jusqu'à 7 heures du matin, Lannes se trouvait seul sur le champ de bataille, n'ayant avec lui que le 7e corps (24 bataillons et une brigade de cavalerie) et 2 divisions de la cavalerie de réserve. Il allongea ses lignes depuis la forêt de Sortlaken, où quelques bataillons tiraillaient avec les chasseurs russes, jusque vers Heinrichsdorf, où il plaça le gros de sa cavalerie, profitant avec habileté des accidents de terrain pour paraître plus fort qu'il n'était en réalité. Son artillerie fut distribuée sur les points les plus convenables, et ce fut à dessein qu'il éparpilla son corps sur un espace de près de 2 lieues, quoique des dispositions analogues n'aient eu que trop souvent de funestes résultats dans des circonstances différentes. Ici, en effet, il ne s'agissait pas, pour les troupes de Lannes, d'attaquer réellement les Russes, mais seulement d'engager le feu, pour ainsi dire, d'occuper l'ennemi pour le retenir dans la position où il se trouvait. L'attaque sérieuse ne devant être faite qu'à l'arrivée des forces qui en étaient chargées, on ne pouvait en demander davantage à un corps aussi faible.

A 7 heures le maréchal Mortier arriva avec le 8e corps et une division de dragons. Ces troupes se lièrent à la gauche de Lannes, qui put alors concentrer davantage son infanterie vers sa droite. A 9 heures ce fut le tour de Ney et de la cavalerie de la garde, qu'accompagnait Napoléon lui-même; le 6e corps, en deux colonnes, forma le centre de la ligne de bataille, se portant entre la forêt de Bothkeim et Posthenen; la cavalerie de la garde se plaça sur deux lignes, entre les bois de Bothkeim et de Georgenau.

A ce moment les Russes, ayant achevé de prendre leurs positions, firent un mouvement en avant. La cavalerie de leur droite attaqua la cavalerie française près de Heinrichsdorf et la repoussa; mais l'infanterie française arrêta les Russes, qui retournèrent à leur première position. L'artillerie ouvrit son feu sur toute la ligne, mais les Russes perdirent par cette canonnade beaucoup plus de monde que les Français, abrités par les accidents de terrain. Les tirailleurs des deux partis faisaient une fusillade bien nourrie, qui plusieurs fois devint assez sérieuse, particulièrement dans la forêt de Sortlaken. En somme, l'armée russe se maintenait immobile dans sa position pendant que Napoléon faisait presser la marche de ses corps venant de Domnau. Entre 3 et 4 heures de l'après-midi l'infanterie et l'artillerie de la garde, ainsi que le 1er corps, arrivèrent à Posthenen. La garde resta derrière ce village; le 1er corps appuya à droite et se lia au 6e corps.

Dès ce moment, Napoléon avait 70 à 80,000 hommes réunis sur le terrain, les 1er, 6e, 8e et 10e corps d'armée, la garde et 3 divisions de la cavalerie de réserve. Davoust avait également reçu l'ordre de se diriger des environs de Kœnigsberg sur Friedland, pour arrêter les Russes, s'ils parvenaient à s'échapper dans cette direction; mais ce maréchal arriva trop tard pour la bataille, et d'ailleurs les forces réunies auprès de l'empereur étaient plus que suffisantes pour écraser les masses immobiles de l'ennemi.

L'artillerie ayant alors été concentrée en batteries puissantes, 80 bouches à feu furent dirigées contre la gauche des Russes, que Ney eut ordre d'attaquer, appuyé par une division de dragons. Une armée de tirailleurs délogea de la forêt de Sortlaken les chasseurs russes, et à 6 heures Ney marchait sur Friedland. La cavalerie russe de l'aile gauche, commandée par le général Kollogribov, saisit bien le moment où le corps de Ney, s'avançant par échelons, lui prêtait le flanc droit, pour charger; mais la division des dragons Latour-Maubourg, qui suivait le corps, se forma en un instant, culbuta la cavalerie russe et la refoula jusque sur l'Alle en lui faisant essuyer des pertes sensibles. Une division de la cavalerie de réserve des Russes fit également une tentative contre la gauche du 6e corps sur le Mühlenfliess et mit en désordre la division Bisson : mais les Français, secondés par le 1er corps et par une nombreuse artillerie, reprirent promptement l'avantage; toute la gauche des Russes, avec la réserve postée derrière, fut rejetée de l'autre côté du Mühlenfliess, et les Français pénétrèrent dans Friedland. Le combat s'étant cependant engagé sur toute la ligne, et le feu de l'artillerie française faisant d'effroyables ravages dans les masses russes, de plus en plus agglomérées et resserrées, il ne restait plus à l'armée de Bennigsen qu'un seul parti à prendre, celui de se retirer de l'autre côté de la rivière.

Les troupes qui formaient la droite des Russes, en se mettant en retraite, trouvèrent Friedland occupé par les Français. Elles reprirent la ville, mais ne purent la conserver longtemps. Les ponts furent détruits, le feu prit à la ville; au-dessous il n'y avait point de pont, et toutes les troupes qui se trouvaient encore sur la rive gauche ne pouvaient se soustraire aux coups de l'ennemi qu'en traversant la rivière. On découvrit en face du village de Kloschenen, au-dessous de Friedland, quelques points où l'eau n'avait pas une profondeur trop grande et où les berges de la rivière étaient accessibles. Ce fut par là que les débris de l'armée russe essayèrent de s'échapper, mais une multitude de soldats s'y noyèrent, des batteries entières, une quantité considérable de caissons s'y perdirent. Un corps de cavalerie, commandé par le général Lambert, réussit à gagner avec 16 bouches à feu le chemin d'Allenbourg et à y passer sur la rive droite. La bataille coûta aux Russes plus de 16,000 hommes. Leur armée avait essuyé une sanglante défaite sur le terrain même où le matin elle aurait pu, avec un peu de résolution, livrer un combat avantageux à un corps français isolé, ou se mettre au moins dans une situation plus favorable pour accepter la bataille. Le soir l'état des choses était tellement désespéré, qu'une grande bravoure put seule sauver les restes de l'armée d'une destruction totale. On fit aux Russes peu de prisonniers, sauf les blessés, tandis que des troupes moins solides se fussent rendues aux Français par bandes.

Quant à l'emploi de la cavalerie dans cette journée, il ne peut guère être question que de la cavalerie française. La cavalerie russe, à part son attaque près de Heinrichsdorf, qui ne fut point appuyée, n'agit que dans les cas extrêmes, lorsqu'elle ne pouvait plus changer le résultat du combat, mais seulement le retarder. Le terrain lui eût été propice, en ce sens que, découvert et uni, il n'opposait aucun obstacle à ses mouvements; mais condamnée, comme le reste de l'armée, à rester immobile en attendant l'attaque des Français, non seulement elle ne tira aucun parti de cet avantage, mais il en résulta même pour elle un redoublement de pertes, les canonniers français ayant dans les belles lignes de cette cavalerie un merveilleux point de mire, et dans le terrain un excellent polygone pour faire rouler et ricocher à l'envi leurs boulets. Que de gens, en voyant une plaine bien unie, s'écrient : ah ! le beau champ de bataille pour la cavalerie ! Certes, ils peuvent avoir raison; mais ce ne sera pas pour l'y laisser immobile, exposée au feu de l'ennemi, et la sacrifier sans nécessité ni utilité. Les attaques les plus audacieuses sont moins meurtrières que ces sortes de positions : non seulement hommes et chevaux en souffrent et y périssent; mais elles tuent aussi le moral de la troupe. Un corps de cavalerie, qui a inutilement essuyé le feu toute une journée, sans agir, est moins sûr, moins ferme, moins propre à entreprendre quoi que ce soit, qu'un corps qui aurait exécuté dix charges. Assurément il y a des circonstances où l'on ne peut épargner à la cavalerie ces pénibles situations; mais ce doivent être des exceptions et jamais un chef habile ne la destinera, *a priori*, au rôle passif que les Russes jouèrent à Friedland.

Le maréchal Lannes et le général Grouchy, qui commandait la cavalerie française en l'absence de Murat, peuvent revendiquer la gloire d'avoir disposé de cette cavalerie avec une incontestable habileté, soit pour engager la bataille, soit pour soutenir l'infanterie, soit enfin pour contribuer vigoureusement au succès définitif de la journée. Lannes, secondé par le dévouement et la valeur de ses troupes et par l'inaction pusillanime des Russes, fit face glorieusement à une situation difficile. Les Russes, de leur côté, satisfaits de s'être alignés en bataille, s'en tinrent là, ne firent rien pour démentir les pressentiments que faisait naître chez Napoléon l'anniversaire de Marengo, et lui fournirent ainsi l'occasion de remporter un triomphe qui offre plus d'une analogie avec cette journée fameuse.

Après ce désastre de l'armée russe, il fallut évacuer Kœnigsberg. Le corps de L'Estocq et celui de Kamensky se joignirent à l'armée russe près de Schilkupischken, sur la route de Tilsit, après avoir perdu beaucoup de monde par les fatigues des marches forcées. Il n'y eut plus aucun engagement sérieux ; le 18 et le 19 juin l'armée repassa le Niémen à Tilsit ; le 21 on conclut un armistice qui fut suivi de la paix, signée le 9 juillet.

Après la paix de Tilsit les armées françaises se mirent successivement en marche pour la Péninsule Ibérique, où commença l'année suivante une lutte mémorable. Nous ne nous occuperons point d'abord de cette guerre nouvelle, afin de passer de suite à la campagne de 1809, en Bavière et en Autriche, que nous allons examiner à son tour à notre point de vue.

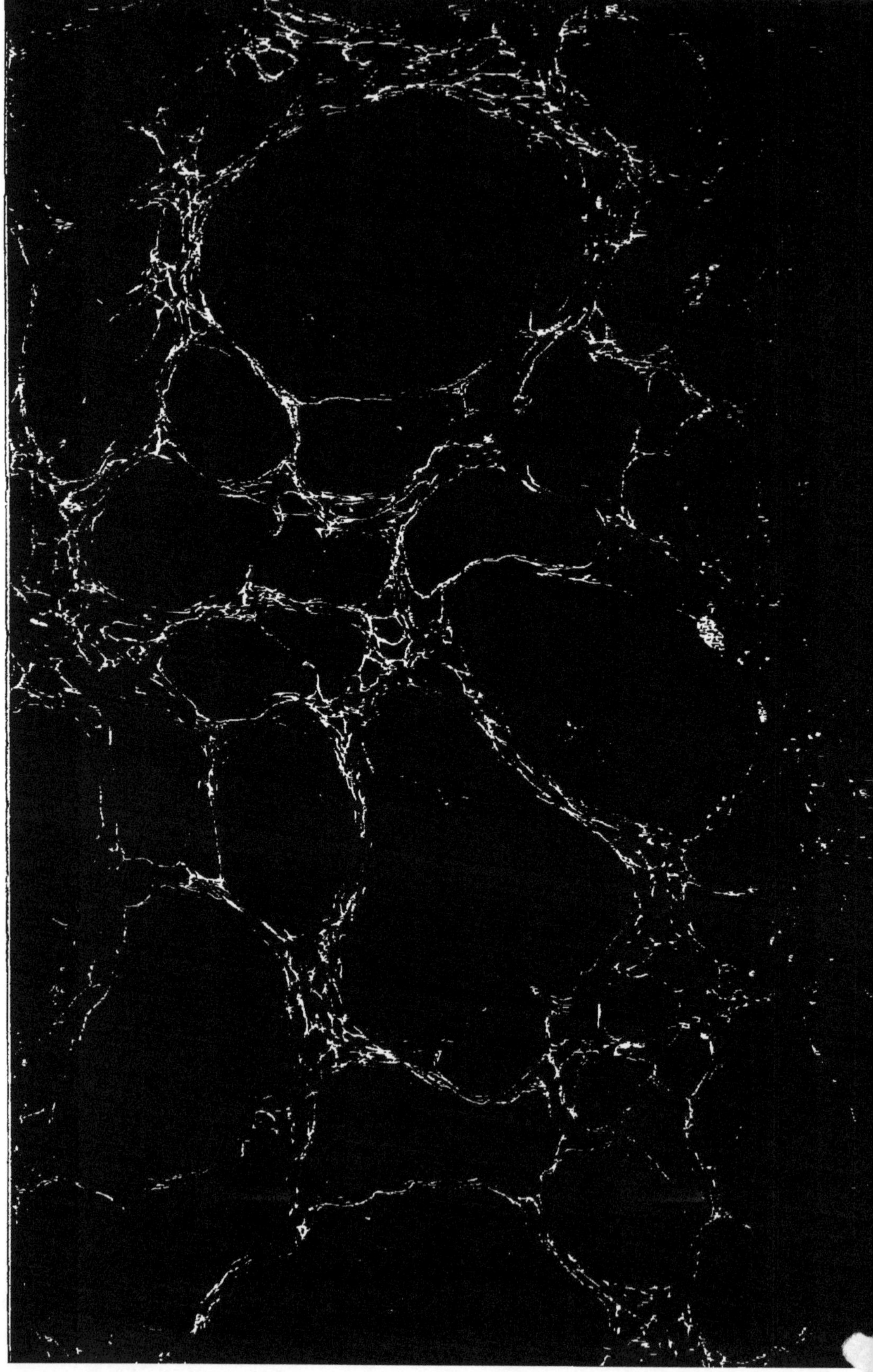

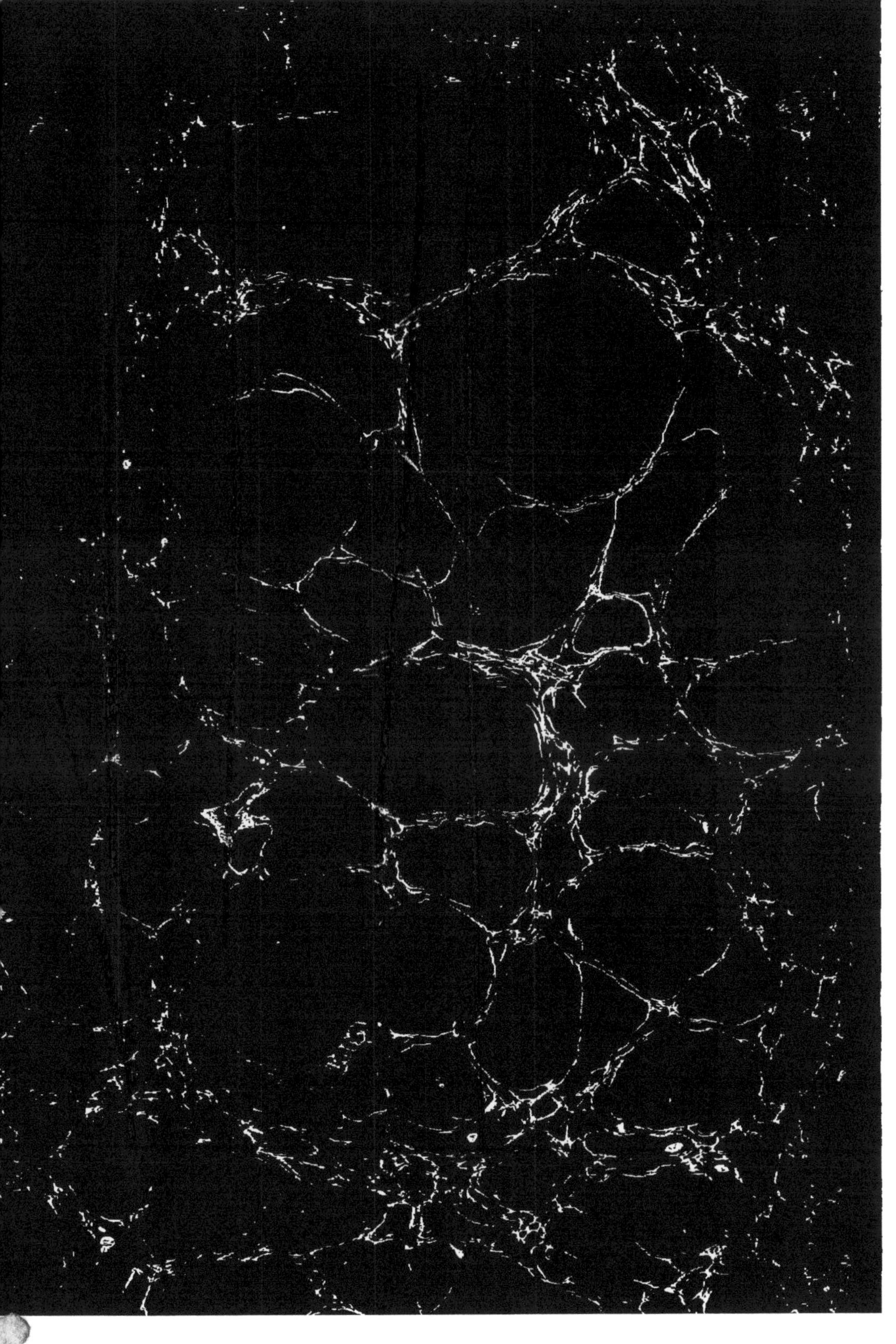

www.ingramcontent.com/pod-product-compliance
Ingram Content Group UK Ltd.
Pitfield, Milton Keynes, MK11 3LW, UK
UKHW020113200726
13856UKWH00002B/519

9 782012 474239